Les Quêteurs
de rêve

ISBN 2-906992-23-2

Ghislaine Huon

Les Quêteurs de rêve

Au Pouldu

à Doëlan

Clohars-Carnoët

Maison MARIE-Henry

« Un livre est ce qu'il est, incomplet, soit. Cependant, si par quelques récits, on dit tout ce qu'on a à dire ou à faire deviner, c'est beaucoup ».

Paul Gauguin. *Lettre à Madame Morice.* Février 1899.

Les quêteurs de rêve

La Bretagne, vieille terre primaire plissée, puis aplanie par l'érosion, rajeunie ensuite par les dislocations de l'ère tertiaire, est étreinte par la mer sur la majorité de son pourtour. Fière de traditions vigoureuses, cette région, longtemps isolée, est une des plus individualisées et des plus singulières de France.

Du pays de Galle vint « la matière de Bretagne » inspirée par les récits légendaires de la résistance celtique et poétisée par la légende chrétienne du saint Graal. Le roi Arthur, champion de l'indépendance bretonne et les Chevaliers de la Table ronde devinrent populaires. La piété mystique de ces chevaliers, leurs amours pures, sur un fond mélancolique et merveilleux, idéalisèrent la chevalerie et sa quête du sublime.

Pendant tout le Moyen Age, les chrétiens pensaient que l'univers avait été créé par Dieu et que c'eût été un péché de vouloir le comprendre. Dans les églises, les artistes anonymes travaillaient pour la religion, ils mettaient leur talent au service d'une idée commune.

Puis, un homme nouveau apparut, qui découvrit la terre, le ciel, l'anatomie, la chimie. Il croyait en Dieu, mais en plus il crut en son intelligence, il en prit conscience et inventa sa dignité. Progressivement les œuvres sortirent des édifices religieux et les premiers tableaux ainsi créés portèrent l'idée de l'artiste célèbre. L'art du portrait se développa, art profane par excellence.

Et le chemin continue, l'aventure est belle. Parfois l'homme reprend des sentiers qu'il a déjà empruntés, comme au XIXe siècle, où, dans son besoin de réinventer le Moyen Age, il exhuma l'image du Christ des décombres.

La Bretagne, tête ou bout du monde, a répondu à son rêve de retour au commencement.

A l'extrémité de la côte sud de la Cornouaille, la massivité du paysage est largement pénétrée par les eaux tièdes de l'Atlantique, par des abers, des rias, des anses. La terre se prolonge par une multitude de petits « pays » tournés vers la mer, lourde, perpétuellement remuée.

On y découvre là, en Finistère, sur la commune de CLOHARS CARNOET, isolé par la rivière Laïta, entre les doux vallonnements de la campagne et d'immenses dunes, LE POULDU. En remontant la rive droite de la Laïta, vers la forêt domaniale de Clohars, on pénètre dans l'écrin de l'ABBAYE DE SAINT-MAURICE. En dirigeant à nouveau nos pas vers la mer, à l'embouchure d'un estuaire, le petit port, profond et pittoresque de DOELAN, referme ce triangle.

Ces lieux, à travers des enclavures de campagne cloisonnées par le bocage, sont reliés entre eux par des lacis de sentiers, souvent bordés de talus, menant d'une ferme à une chapelle, d'un champ à une fontaine, d'une forêt à la maison du passeur.

Dans ces réseaux profonds, on rencontre des hommes. Un humble moine blanc peut y croiser de bruyants rapins, un philosophe s'y promener avec des pinceaux et un peintre solitaire s'y sentir philosophe ou écrivain. A la croisée de ces pas, parfois, on rencontre une jeune mère portant son enfant dans les bras, perdue dans ses souvenirs.

Des mains prennent d'autres mains, des regards perçants et vifs pénètrent des regards fervents ou doux, fouillent le secret d'un monde.

Le temps n'existe pas. Tous partagent le même espace, la même dimension, le même fond d'humanité. Leurs aventures spirituelles, artistiques, et mystiques concernent chacun de nous, jusqu'à notre inconscient. Ils se reconnaissent entre eux : ils sont quêteurs de rêve.

Un à un, nous retrouvons les signes qu'ils nous ont laissés.

CHAPITRE PREMIER

L'abbaye de Saint-Maurice

Le rêve du retour aux sources

L'ordre cistercien

L'ordre cistercien apparaît au Moyen Age, comme l'une des réalisations les plus remarquables de l'idéal monastique

Les moines noirs de Cluny, devenus trop riches, avaient perdu leur réputation et à la fin des XIe et XIIe siècles, naquirent une multitude de congrégations. Parmi ces ordres nouveaux, les uns se vouaient à la prière et au silence perpétuel, comme celui des chartreux ; les trinitaires rachetaient les chrétiens tombés aux mains des musulmans ; les frères pontifs construisaient des ponts ; les templiers, les hospitaliers et les chevaliers teutoniques étaient des moines soldats. La plus fameuse des congrégations nouvelles fut celle des moines blancs de Cîteaux.

La fondation de Cîteaux, constituée par Robert de Molesmes en 1098, s'inscrit dans le vaste mouvement de retour aux sources authentiques du christianisme qui caractérise la réforme de l'église inaugurée par le pape Grégoire VII. Son but est de restaurer la règle de saint Benoît.

Saint Bernard est la grande figure de cet ordre, qui égale en puissance celle du Pape. C'est un agitateur populaire qui n'hésite pas à attaquer les puissants, les évêques, les moines, trop riches et qui dénonce les interventions des rois dans les élections épiscopales.

Seule sa ferveur religieuse soutient son corps épuisé par les privations. Il ne vit que pour Dieu, indifférent aux choses terrestres.

Il impose à ses moines une règle très sévère : défense de posséder des biens, de manger de la viande, du pain blanc, de coucher sur un matelas ; défense de se montrer orgueilleux dans les constructions, d'orner les chapelles de vitraux colorés, de sculptures, qui détournent du recueillement. Pas d'orgue, des voix.

La quête du désert

C'est la recherche du pur, du primitif, qui conduit ces nouveaux moines, à l'image des pères du désert, à prendre le chemin de la solitude.

Les premiers cisterciens bâtissent leurs abbayes loin des lieux habités, à la recherche d'un isolement favorable à une vie vouée à la prière.

Dans cette retraite contemplative, ils estompent la pauvreté de la nature pour grandir l'idéal d'un univers vierge. Ils s'enfouissent dans les forêts, se nichent au creux des vallées, mais toujours se rapprochent de la pureté de l'eau des sources, des ruisseaux, des rivières.

> *« Crois en mon expérience, tu trouveras quelque chose de plus dans les bois que dans les livres. Les arbres et les rochers t'enseigneront ce que tu ne peux apprendre d'aucun maître ».*
>
> Lettre de saint Bernard à l'abbé de Vauclair -1138 -.

L'idéal communautaire

Le monastère est une famille, composée d'hommes lui appartenant irrévocablement, dirigée par un abbé qui est le père de ses moines. Ensemble ils vivent selon la règle de saint Benoît formulée au VIe siècle.

Les journées des moines sont rythmées par la prière, la méditation sur la Bible, les réflexions et les écritures dans la bibliothèque, le travail manuel, artisanal, agricole. L'enceinte abbatiale protège leur vie autonome.

La Charte de charité

L'alliance dans la charité

Pour accorder leurs actions sans discorde, vivre selon la même règle, et des mœurs semblables, la charte, fondée sur le principe de l'unanimité dans la charité, permet de sauvegarder l'autonomie interne des monastères, tout en assurant une centralisation suffisante. Ainsi, un chapitre général annuel se tient à la fin de l'été à l'église de Cîteaux, où tous les abbés doivent se réunir, pour affermir leur structure et éprouver leur solidarité. Si un abbé souffre d'une trop grande indigence, tous, selon leurs possibilités, lui assureront un soutien.

L'art des arts : l'art d'aimer.

Cette expression de Guillaume de Saint-Thierry résume le programme de ces « écoles de charité » que sont les monastères. Par un itinéraire de l'âme qui passe par la connaissance de soi à la connaissance de Dieu, à travers l'humanité du Christ, le but est d'arriver à la contemplation du Verbe, à l'union avec Dieu.

La mystique trinitaire, ainsi dessinée par la spiritualité monastique cistercienne, dépassera les murs des abbayes et animera la mentalité chevaleresque et les grands romans de la chevalerie.

L'union mystique

Les maîtres cisterciens émeuvent par leur poésie, leur art de la composition et l'harmonie de la forme.

Un essaim d'écrivains cisterciens de haute qualité - saint Bernard en particulier, dont le style fera évoluer le latin médiéval et formera école - élaborèrent une doctrine de l'union mystique avec Dieu, dans laquelle l'influence des pères latins et celle des pères grecs se greffent en une synthèse unique en Occident.

Un art de silence et de lumière

La simplicité et la pauvreté se retrouve dans l'harmonie compacte des bâtiments qui entourent le cloître, souvent situé au sud de l'église.

Au contraire des abbés de Cluny, qui proclamaient que « les choses belles sont un pressentiment de Dieu », saint Bernard encouragea une architecture austère, dépouillée d'ornements superflus, favorable à une spiritualité claire et non distraite.

Mais si tout luxe ostentatoire est exclu, les moines choisissent avec soin leurs matériaux. La qualité des pierres doit s'unir à la perfection du travail pour capter la lumière, reflet de l'éthique cistercienne.

Les couleurs vives sont écartées ; pour les vitraux, c'est la pureté de la lumière céleste que l'on aime, et on la laisse jouer dans l'harmonie des proportions et des cernes grisés du plomb.

Les filles de Cîteaux

Au printemps 1112, Bernard de Fontaine, âgé de 22 ans et accompagné de trente condisciples, arrive à Cîteaux. L'ordre va alors prospérer.

Quatre abbayes naissent :

La Ferté en 1113.

Pontigny en 1114.

Clairvaux, dont saint Bernard fut l'abbé, en 1115.

Morimond en 1115.

A leur tour, elles donnèrent des filles qui couvrirent l'Europe, du Portugal à la Pologne, de la Norvège à la Sicile. A la mort de Bernard en 1153, elles étaient au nombre de trois cent cinquante.

Mais les déviations des principes primitifs de simplicité ne manquèrent pas d'arriver. Des chœurs profonds, des chapelles rayonnantes, des bibliothèques fastueuses, dénaturèrent l'esprit de pureté originel.

L'idéal austère de saint Bernard s'est éloigné, soulevé par la puissance et la magnificence de la grâce des cathédrales, nefs sonores et lumineuses capables de contenir toute la ville.

L'œuvre de ce grand fanatique de Dieu ne lui survécut guère. Les évêques continuèrent à subir l'influence du Roi ; les templiers, auxquels il avait donné la règle, finirent de façon misérable. Clairvaux tomba en décadence.

> *« Vous avez trois filles qui vous fermeront la route du ciel : l'Orgueil, la Luxure, l'Avarice » disait Foulques de Neuilly à Richard Cœur de Lion. «J'ai marié ces trois filles, répliqua le Roi : l'Orgueil aux templiers, la Luxure aux moines noirs, l'Avarice aux moines blancs.»*
>
> In *Le Moyen Age* J.Bouniol et E.Nouvel.
> Histoire Universelle .Quillet, Paris 1913.

De Dom Maurice à saint Maurice

Le moine blanc fondateur

L'enfant charmeur d'oiseaux

En 1113, à Croixhanvec près de Loudéac, naît Maurice Duault. Pendant son enfance, tout comme le Poverello - saint François d'Assise - il charme déjà les oiseaux. Un matin de printemps, il voit des volées de corbeaux dévorer les graines que son père, pauvre laboureur, a semées dans son champ. Maurice, en priant, rassemble alors les pillards et les conduit dans une grange qu'il referme. Puis, profitant du calme et de la tranquillité, il s'instruit. Quand, à la fin de la journée, le soleil disparaît, il libère les oiseaux. On dit qu'il ne sont jamais revenus.

Cette légende peut être entendue comme une petite parabole qui symboliserait l'enfant proche des gens simples, qui sait parler au petit peuple chrétien.

Malgré sa modeste condition, il étudie auprès d'un clerc de paroisse, puis dans une école monastique. Il devient professeur, puis écolâtre et peut dès lors diriger une école.

Mais sa vie n'est pas faite pour les hautes considérations religieuses, et son cœur l'incline à partager les idées de Bernard de Clairvaux. Il rentre donc, en 1142, à l'abbaye de Langonnet, pour être moine blanc et vivre selon la règle cistercienne.

Ses pairs reconnaissent ses qualités, et, au décès du père abbé, l'élisent comme son successeur.

Conan IV - de Guingamp - (Environ de 1140 - 20 février 1171) est duc de Bretagne. La duchesse Ermengarde d'Anjou fut sa grand-mère. Cette femme, pieuse et de grande valeur, exerça une influence bénéfique dans le gouvernement du duché. Fille spirituelle de saint Benoît, elle entretint des relations privilégiées avec saint Bernard et fonda de nombreuses abbayes en Bretagne, dont Notre-Dame de Langonnet en 1136. Son petit-fils, Conan IV dit le Petit, n'a pas eu l'attitude valeureuse de ses ancêtres. Il s'est allié aux troupes anglaises, contre son beau-père, pour prendre le duché. Sans courage, et piètre chef, il se résignera à laisser la garde du duché aux Anglais. Vers l'an 1170, un an avant sa mort, il désire fonder une nouvelle communauté cistercienne en Cornouaille. C'est à Maurice, le savant abbé de Langonnet, qu'il offre une partie de ses terres dans la forêt de Carnoët, près de Quimperlé, pour construire une abbaye.

Le rêve du moine défricheur

Les moines cisterciens recherchent l'exil, pour recréer, à partir d'un environnement souvent hostile et médiocre, un univers idéal de sérénité et de grand calme architectural qui traduit leur conception du monde. Mais ils sont également très avisés, et devenus experts dans l'art de choisir les sites où leur vie sera vouée à la prière. Ils sont bûcherons, terrassiers, maçons, charpentiers, laboureurs, jardiniers, artisans ; leur foi est leur courage, qu'ils offrent à Dieu ; mais ils se donnent aussi tous les moyens pour que leur lutte aboutisse à la création d'un asile de paix.

Quand l'abbé Maurice Duault, accompagné de douze moines, après avoir traversé la forêt de Clohars Carnoët arrive à son orée méridionale, il devine, dans le cadre de verdure et d'eaux fraîches, au bord de la Laïta, toute la beauté qu'il pourra élever de ce site. Les éléments indispensables à son projet sont là : l'eau, le bois. Dans ce vallon herbeux et secret appelé Staër-Nadred (la rivière aux serpents), se rejoignent les ruisseaux du Garlouet et du Grand-Léty, pour former un marais. La mer communique profondément avec ces terres et ses flux sont importants en ces lieux. A marée basse se découvre une grande vasière. C'est dans ce cadre qu'il bâtira son abbaye.

Site de l'abbaye de Saint-Maurice, vue de l'île à marée haute. (Cl. G. Huon).

La fondation de l'abbaye Notre-Dame de Carnoët commence en 1177. Dans les sueurs et les sacrifices, les moines préparent patiemment le terrain. Sur la partie supérieure du site, ils commencent par couper quelques arbres pour construire les cabanes qui les abriteront pendant le temps des travaux de construction. Les loups, les sangliers, les cerfs, à cette époque occupent la forêt et les rats n'hésitent pas à s'attaquer au cuir des souliers des religieux.

Petit à petit, ils comblent la vase, drainent, bâtissent des contreforts. Sous Jean Le Roux (1237-1286), ils construisent une digue pour créer un étang et aménagent des terrasses.

Orare et labore

- Prier et travailler -.

Ce sont les actes essentiels de la vie monastique qui déterminent l'architecture du monastère. Il est formé, comme presque tous les monastères cisterciens, d'un ensemble ramassé de bâtiments disposés autour du cloître, situé au sud de l'église qui protège des vents froids du Nord.

L'escalier menant à la chapelle. Le chartrier appelé le « tombeau de Conan » et le chapître. (Cl. G. Huon).

A l'aile orientale du monastère, le bâtiment des moines comporte, au rez-de-chaussée : la Sacristie et le Chartrier (*armorium* ou bibliothèque), sans communication directe avec l'intérieur, uniquement fait de pierres, pour protéger les archives du feu ; le chapitre, *auditorium* ou salle capitulaire, le matin, les moines y sont réunis devant l'abbé qui commente un chapitre de la règle de saint Benoît, distribue le travail et rétablit la discipline ; l'escalier menant au dortoir des moines ; un passage conduisant à l'extérieur ; la salle des moines ; l'étage est occupé par le dortoir.

Façade de la salle capitulaire du XIIIe siècle, vers le cloître. (Cl. G. Huon).

Sur la galerie du cloître opposée à l'église s'ouvre le réfectoire des moines, la cuisine.

L'aile ouest est occupée par le bâtiment des convers, plus rudimentaire, et la salle des hôtes ; à l'étage un dortoir.

Détail des colonnes extérieures de la salle capitulaire. (Cl. G. Huon).

La ségrégation se retrouve à l'église où le chœur des moines est près du sanctuaire, à l'est, et celui des convers s'étend sur l'espace de la nef. Un pan de mur matérialise la limite entre les deux communautés.

Les laïcs, selon le chapitre 53 de la Règle, sont des hôtes à recevoir comme le Christ lui-même, mais ils n'accèdent pas aux bâtiments conventuels.

> *« L'église resplendit dans ses murs, mais elle manque de tout dans ses pauvres, elle orne d'or ses monuments de pierre, et laisse ses fils aller nus. »*
>
> Saint Bernard à l'abbé Guillaume, vers 1125.

Le plafond voûté de la salle capitulaire. (Cl. G. Huon).

La pauvreté que les moines blancs veulent observer leur interdit de dépenser, dans des décorations superflues, des som-mes qu'ils préfèrent réserver au soulagement des pauvres. C'est un des fondements de la spiritualité cistercienne qui, ayant été souvent méconnu, a fait croire que les cisterciens étaient ennemis de l'art.

Signe d'un maître d'œuvre gravé sur une pierre taillée. (Cl. G. Huon).

Le « Pardon des Oiseaux »

Le poisson est la base de l'alimentation des moines, pour respecter cette règle, les moines utilisent le bras d'eau fertile et y établissent viviers et pêcheries. Près des vannes, à la sortie de l'étang, ils construisent un moulin. Un puits apporte l'onde fraîche au milieu du cloître, le potager, le jardin et les vignes sont généreusement arrosés, des douves délimitent l'entrée de cet univers monastique.

Le site de l'abbaye Notre-Dame de Carnoët, s'il est le royaume des eaux, est aussi celui des arbres. Les vénérables chênes, les hêtres dignes, arbres souverains de cette terre forestière, les pins, accueillent les pommiers et les fruitiers du verger planté par les moines. Depuis le portail d'entrée, une allée de tilleuls guide les pas vers l'abbatiale, longeant le jardin, légèrement en contre-bas, parfumé par des buissons de buis.

Tous ces branchages abritent une multitude d'oiseaux qui, dès le matin se manifestent bruyamment. Alors, la légende de l'enfant charmeur d'oiseaux réapparaît :

> *« C'était, tout le jour, un ramage étourdissant de rossignols, de mésanges, de geais babillards, de corbeaux croassants, de mouettes aux cris stridents. Ce vacarme troublait les offices et les méditations des moines. Une nuit, leur saint abbé, en prières, demanda au Maître d'accorder la paix, le silence à ses serviteurs. Dieu l'inspira. Il rassembla, après laudes, à seconde, ses frères, fit un grand signe de croix sur la forêt. La crosse abbatiale en main, il prit la tête du cortège, en entonnant le psaume de David,* CIII... *Tous s'engagèrent dans une sente forestière. Et fait miraculeux, la gent ailée les suivait de branche en branche, accompagnant, en sourdine, leur psalmodie.*
>
> *Maurice les conduisit ainsi jusqu'à la Plaine, à l'orée de la forêt et leur ordonna de gîter dans les grands arbres. Les bûcherons, les sabotiers, les char-*

bonniers les capturèrent en grand nombre. Ils les offraient, contre pièces sonnantes et trébuchantes, au chevaliers du castel de Carnoët, aux gens de haut parage, aux manants qui s'y promenaient. Un véritable marché d'oiseaux se tint aux beaux jours de l'année, sous les majestueux hêtres de Toulfoën. »

Dr Léon Palaux, *La Terre de Beauté*, 1956.

L'abbé Maurice Duault mourut le 29 septembre 1191 et fut enterré dans la salle capitulaire. Deux ans après, en 1193, à la demande des mamans qui ne pouvaient accéder à son tombeau, son corps fut transféré dans l'église abbatiale un lundi de la Pentecôte. Ce jour devint celui du « Pardon des Oiseaux ». A Toulfoën, jusqu'au début du siècle, arrivait un long cortège de fidèles qui s'égaillaient sous les frondaisons. Des oiseaux, capturés dans la forêt, d'autres de provenance exotique, y étaient vendus.

L'abbaye, en 1220, prit le nom de ce nouveau saint qui faisait des miracles, et dont la renommée s'était étendue : saint Maurice.

Détail des colonnes à l'intérieur de la salle capitulaire. (Cl. G. Huon).

La destinée de l'abbaye

Le monastère devient château

Les bâtiments du moutier furent remaniés au XVIIe siècle.

Le château de St-Maurice. L'étang. (Coll. particulière).

Procession des reliques de saint Maurice dans le parc du château. (Coll. particulière).

En 1790, au moment de la révolution, il restait trois moines à l'abbaye, un seul resta ; dès lors, elle ne fut plus entretenue et fut vendue en 1791.

Par la suite, la maison des hôtes, et la salle capitulaire intacte du premier monastère furent transformés en château moderne. Un parc, aux ifs taillés symétriquement, en forme de pions de jeu d'échec, des jardins suspendus, des cygnes blancs sur l'étang, finirent de transfigurer les lieux.

La tortue a fait le tour du monde

Au cours de la deuxième guerre mondiale, les soldats allemands occupèrent le château.

Pour faciliter le passage de leurs véhicules blindés, en 1942, ils détruisirent le Moulin - Porte de Saint-Maurice, et construisirent un quai-débarcadère en béton et un pont de bois, dont on voit encore les vestiges.

Quelque temps après, les résistants s'emparèrent du château et la *Wehrmarcht* se retrancha dans la « poche de Lorient. ».

Le 20 avril 1945, jour anniversaire de la naissance d'Hitler, le château est incendié.

Les propriétaires, les Rodelec du Porzic, en 1953, firent raser les bâtiments dévastés par l'incendie, et la salle capitulaire du XIIIe siècle, miraculeusement préservée, fut dégagée des décombres.

L'église de Saint Maurice reconstruite au XVIIe siècle, ruines de la façade classique à fronton, niches et pilastres. (Cl. G. Huon).

Des pierres et une croix furent envoyées à la nouvelle chapelle de Sainte-Anne de Doëlan. La plupart des autres pierres servirent à l'édification du Pont de Saint-Maurice.

Sur le fronton de la première église abbatiale se lisaient ces lignes:

« Stet domus hoec donec fluctus formica marinos ebibat, et Tostum Testudo perambulet orbem ».

(Dure cette demeure jusqu'à ce qu'une fourmi ait bu toute l'eau de la mer ou qu'une tortue ait fait le tour du monde).

Les perspectives

Aujourd'hui, il ne reste que peu de chose du rêve de l'abbé Maurice Duault.

Ce qui demeure de plus ancien, c'est la salle capitulaire du XIIIe siècle, figurant à l'Inventaire des Monuments Historiques.

Le puits marque toujours le centre du cloître ; on peut encore voir le logement de l'abbé - ces beaux bâtiments devinrent la ferme du château -, l'Orangerie, et les ruines émouvantes et nostalgiques de l'Abbatiale.

La Châsse-reliquaire de saint Maurice, les statues et les croix monacales sont protégées à l'église de Clohars Carnoët.

Pour préserver l'intégrité du site historique, le 7 août 1991, le Conservatoire de l'Espace Littoral - en accord avec la Commune et le Conseil Général - a acquis l'ensemble du domaine, avec l'aide du département du Finistère.

Ainsi, les 119 hectares de la forêt de Saint-Maurice, s'unissent aux 754 hectares de la paisible forêt domaniale de Carnoët - anciennement ducale - et seront désormais préservés et soumis au régime forestier. Un plan de restauration de l'ensemble de cet espace, fortement dégradé par les tempêtes de 1987 et 1989, est en cours d'élaboration, qui tient compte de son paysage, de son écologie et de sa remarquable histoire.

L'île située devant l'abbaye, constitue une véritable réserve ornithologique, à marée basse, la vasière qui se dénude attire des centaines d'oiseaux.

L'abbaye, ses dépendances, et l'ensemble des zones non boisées : les vergers, la végétation, les jardins, l'étang, font l'objet d'une étude détaillée, confiée à un architecte et à un paysagiste. A partir d'une analyse historique, elle doit fixer les orientations de restauration de ce patrimoine. Déjà, des mesures de préservations des bâtiments existants ont été prises : mise hors d'eau, restauration des murs périphériques de l'abbaye, remise en état des portails, sous le contrôle de l'architecte des bâtiments de France et en liaison avec la Direction Régionale des Affaires Culturelles.

Des fouilles sont prévues pour dégager l'assise des fondations de l'abbaye. Les combles et le premier étage de l'Orangerie accueilleront un garde gestionnaire.

Détail de pierres taillées pour une niche ou une fenêtre, avant les fouilles. (Cl. G. Huon).

La Commune de Clohars Carnoët veille quotidiennement sur ce site. Le Département et le Ministère de la Culture prévoient la protection de l'abbatiale, la renaissance du pressoir ...

La grille du portail devant l'allée de tilleuls menant à l'abbatiale. (Cl. G. Huon).

Cet endroit, qui fut sacré, a gardé une douceur calme. Malgré la brutalité des hommes, il est encore pur, non morcelé, et on éprouve un sentiment étrange devant ces ruines qui gardent présente la mémoire d'un homme simple qui savait parler aux oiseaux.

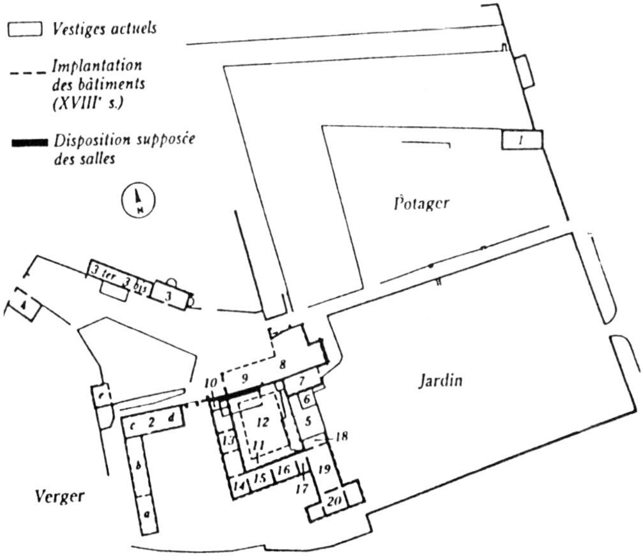

Plan du domaine.

CHAPITRE II

La chapelle de Saint-Maudet

« O douster en overem en ur chapel, »
« Ur chapelig didrous e mezeu Breiz-Izel !... »

(O douceur des messes dans une chapelle,
Une petite chapelle silencieuse dans les campagnes de Basse-Bretagne !)

Jean-Pierre CALLOC'H, *Ar en deulin, (A genoux)*[1]

Le Pouldu. Chapelle de Saint-Maudet. (Coll. particulière).

[1] J.P. Calloc'h (1888-1917) , tué au front, fut un des plus grands poètes bretons. Ses poésies ont été publiées en 1921 et 1935 sous le titre de *Ar en deulin (A genoux).*

Une chapelle du XVIIe

La force carrée et rugueuse de la Bretagne s'exprime par ce simple rectangle de pierre, flanqué au nord-est d'une petite sacristie, qui remonte au XVIIe siècle, après les guerres de religion, sauf la baie qui pourrait être du XVe siècle.

Les grands pans silencieux de la chapelle, par leur rythme lourd et puissant, lui confèrent un charme robuste et innocent.

Une tradition locale disait que Saint-Maudet avait été construite à la demande des gens du quartier qui désiraient un lieu plus proche que l'église paroissiale pour se recueillir.

Le premier cadastre de 1823 désigne tout le coin sous le toponyme de « *An Hospital* ». Le secteur était sous la dépendance de Saint-Julien, prieuré des hospitaliers de Saint-Jean de Jérusalem, moines-soldats, établis à l'embouchure de la Laïta. Ils assuraient le passage de la rivière, l'hébergement et le transport des pèlerins vers l'île aux Moines, d'où ceux-ci repartaient pour Saint-Jacques de Compostelle.

La chapelle et ses alentours immédiats sont, selon le même cadastre de 1823, dénommés « *An Veret* » (le cimetière), ce qui indique qu'ils étaient le centre de toute une vie de secteur paroissial, appelé « frairie » (du français frères).

Des sentiers creux, étroits, bordés de talus herbus, conduisent à l'enclos de la petite église de campagne, autour de laquelle s'assemblèrent quelques toits. Elle a vu les peines et les joies, les travaux et les fêtes du petit monde de tous les jours.

Un des saints les plus populaires de Bretagne

Après sainte Anne et saint Yves, saint Maudet est le saint le plus populaire en Bretagne. Une soixantaine de chapelles lui sont consacrées.

On l'invoquait pour la guérison des enflures aux articulations, les morsures de serpent et pour chasser les vers intestinaux et les fièvres des enfants. A droite de l'autel, un creux dans le dallage, permettait de prendre un peu de terre pour l'appliquer sur les enflures, ou bien on la délayait dans une liqueur que l'on faisait boire aux enfants.

Les statues de la chapelle

Dieu le père n'apparaît jamais dans les figures des églises, les modestes sculpteurs ne regardaient pas aussi haut. Ils ne savaient pas bien faire ce qu'ils n'avaient jamais vu. Mais les saints étaient familiers, consolants, protecteurs et bienveillants. Ils avaient partagé la condition humaine, ils pouvaient comprendre. On les plaçait haut et net sur les murs, comme une conscience.

Statue de saint Julien.
(Cl. G. Huon).

C'est ainsi, que saint Julien, nous apparaît, revêtu d'une armure, à droite de l'entrée de la chapelle. Ce moine-soldat, portant cuirasse, cuissards, jambières, une lance à la main droite (disparue), un livre ouvert, tourné vers nous, dans la main gauche, est le patron des passeurs. La statue vient de la chapelle du prieuré de Saint-Julien, au bord de la Laïta.

Du même côté, l'Annonciation, statue d'abord appelée Sainte-Julienne, se tient timidement droite, enveloppée de ses bras croisés sur son cœur. Elle serait en fait une Vierge au Calvaire.

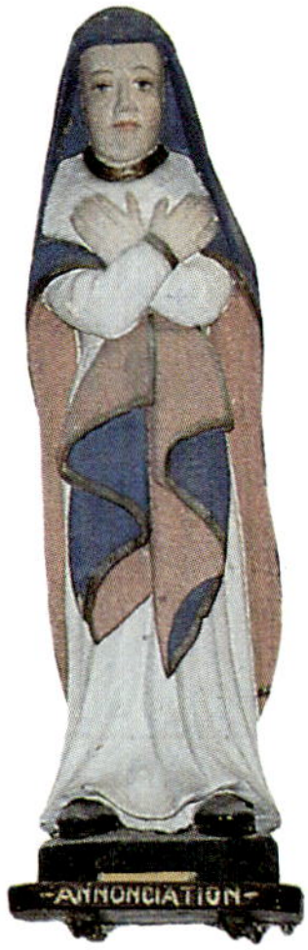

Statue de l'Annonciation. (Cl. G. Huon).

A droite de l'autel, une volumineuse statue de 2 mètres de haut représenterait saint Benoît. Elle vient de l'abbaye de Saint-Maurice. A l'origine en belle pierre blanche, elle a été, hélas, recouverte d'une vilaine peinture brune. Elle prend la place anciennement occupée par Saint-Maudet.

Statue de St-Maudet. (Cl. G. Huon).

Le chœur de la chapelle avec ses saints. (Coll. particulière).

La statue de Saint-Maudet était autrefois placée au-dessus du trou creusé dans le dallage, pour extraire la terre, à droite de l'autel. De facture naïve et dense, elle serait l'œuvre d'un artiste local du XVIIIe siècle. On la voit aujourd'hui près de la sacristie.

Statue de Sainte-Appolina. (Cl. G. Huon).

A gauche de la chapelle , en partant du chœur, une jeune femme, au doux visage ovale, prolongé par un cou dégagé, à la taille menue et élancée des demoiselles du Moyen Age, soutient un livre, de sa longue main aux doigts souples et spirituels. De sa main droite, elle tend un cierge. C'est sainte Appolina, la patronne des dentistes.

Un très joli groupe est formé par la sainte Anne enseignant Marie. Il a eu l'honneur de figurer à l'exposition mariale du Petit-Palais en 1952. Mais à la suite de cette exposition, une restauration s'est imposée pour réparer les craquelures apparues ; la vierge et Sainte-Anne ayant mal supporté la chaleur du Petit-Palais.

Statue de Sainte-Anne enseignant Marie. (Cl. G. Huon).

Une Notre-Dame et un saint Jean au pied de la Croix sont actuellement à Notre-Dame de la Paix, au Pouldu, où ils encadrent le Christ de la poutre de gloire.

Sainte-Catherine, fut volée en 1990, reconnaissable à sa roue, elle venait de l'église paroissiale.

Le Christ en Croix du fond de la chapelle, a été acheté aux chiffonniers d'Emmaüs, en 1975.

La Vierge-Mère disparue.
(Coll. particulière).

Trois statues ont disparu : une Sainte-Barbe, une Sainte-Catherine. Une petite Vierge-Mère, délicieusement naïve a été volée durant l'hiver 1966-67. Elle fut, un moment, présente à Notre-Dame de la Paix au Pouldu.

Un autre Saint-Maudet, plus récent, se trouve à l'extérieur, dans une niche de la façade ouest. Il a été sculpté par Maître Denoël, qui fut le président du Comité de Restauration de la chapelle. [2]

Au dessus de l'autel, le vitrail réalisé par M. Scaviner de Pont-Aven, colore la lumière qui le traverse.

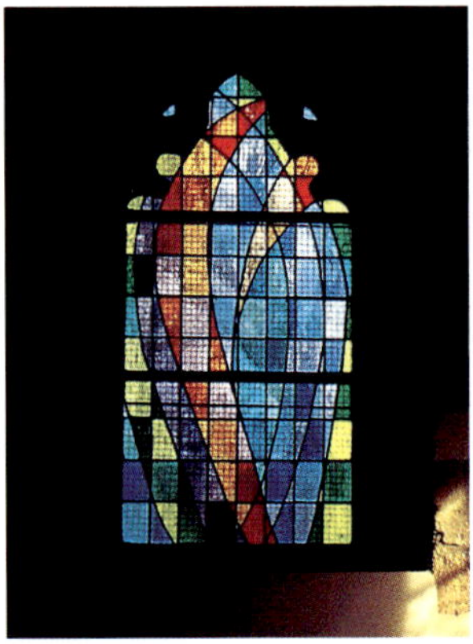

Vitrail de M. Scaviner de Pont-Aven. (Cl. G. Huon).

[2] Avec les années, la chapelle se délabrait, surtout le toit qui allait s'effondrer. Une équipe de volontaires locaux décida de créer une association sous le titre de Comité de Restauration de la chapelle de Saint-Maudet, ayant pour but « de protéger la chapelle de Saint-Maudet et son environnement, de restaurer cette chapelle ». Ce fut fait le 29 décembre 1971, avec déclaration à la préfecture le 17 janvier 1972. Le 7 août 1975, le Comité de restauration en la personne de Me Denoël, reçoit officiellement les clés de M. Le Grévellec, maire de Clohars-Carnoët, car la chapelle est propriété communale.

La chapelle de Saint-Maudet et les peintres du Pouldu

De l'enclos, au sud-est de la chapelle, on peut apercevoir la maison où le peintre Filiger s'installa en 1900, à Lanmar'ch.

Filiger. Gouache de la chapelle de Saint-Maudet. Photographie.

Les bretons, simples et rudes, ont imprégné leur terre pure et sauvage de mysticisme. Sous leur ciel mystérieux, ils ont dressé des pierres, sculpté des statues, élevé des calvaires et des chapelles.

Gauguin et ses amis peintres ont trouvé là les points d'ancrage de leur art. Voulant ramener la peinture à la pauvreté et la naïveté primitive, ils s'inspirèrent de la foi et du dépouillement bretons.

A un kilomètre du Pouldu, la chapelle de Saint-Maudet était sur le parcours de leurs excursions au travers de la campagne et des chemins profonds bordés d'arbres.

Le pardon de Saint-Maudet. 1991. (Coll. particulière).

CHAPITRE III

Gauguin, le rêve du paradis perdu

Gauguin : un arbre déraciné

En 1849, le petit Paul Gauguin est à peine âgé de plus d'un an quand son père, Clovis, meurt brutalement pendant le voyage qu'ils effectuaient vers le Pérou.

Aline, sa mère ; fille de Flora Tristan - l'initiatrice française du féminisme à l'ascendance inca - reste seule à bord du bateau, avec ses deux enfants, pour continuer la route.

Les racines

Pendant six ans, au Pérou, il vit sa prime enfance, avec sa sœur Marie, au sein d'une famille nombreuse et bruyante. Il parle espagnol avec des personnes de couleurs de peaux variées, de races et de niveaux de vie différents.

Il pousse ses jeunes racines, dans une nature tropicale exhubérante, dont le soleil fait vibrer les couleurs éclatantes. Il s'imprègne de ce milieu chaud et marin.

Mais en 1855, avec le retour en France, c'est la rupture. Il est transplanté au petit séminaire d'Orléans. Il reconnaîtra, plus tard, avoir appris là à haïr l'hypocrisie, les fausses vertus, la délation, à forger son esprit de lutte et à se concentrer en lui-même.

Des idées de fuite et de mer n'ont jamais cessé de le lanciner. Il s'engage, à dix-sept ans, dans la marine marchande comme pilotin. Tout autour de la terre, il navigue.

La croissance

Rentré à Paris, il éprouve une nouvelle façon de vivre, au contact de Gustave Arosa, ami de la famille. C'est avec cet homme, riche boursier, amateur et collectionneur, qu'il aborde les rives de l'art. Son protecteur lui apporte une situation stable, chez l'agent de change Bertin, ce qui lui permet de développer son éducation esthétique et de constituer une collection de tableaux. Chez Bertin, il rencontre un autre employé, Emile Schuffenecker, peintre-amateur qui entraîne son nouvel ami à l'Académie Colarossi. Le dimanche, « l'ami Schuff » lui fait découvrir la peinture, les expositions, les musées. Il devient l'élève de Camille Pissaro et expose avec les impressionnistes.

En 1873, Paul Gauguin épouse une jeune danoise, Mette Sophie Gad, et fonde une famille. Sa situation est florissante, il s'entoure d'œuvres de Cézanne[3], Manet, Pissaro, Renoir, Sisley, Guillaumin. La peinture le tourmente de plus en plus. Il s'est mis dans la tête de devenir peintre.

[3] Ses rapports avec Gauguin avaient de toute évidence beaucoup marqué Cézanne, et il avait le sentiment d'avoir été exploité et plagié. Il s'étaient rencontrés à Pontoise en 1881, en compagnie de Pissaro (cf.Rewald 1968, pp. 118-19) et peu après Gauguin avait demandé dans une lettre à Pissaro la « formule exacte » de Cézanne pour « comprimer l'expression outrée de toutes ses sensations dans un seul et unique procédé » (cf. Rewald 1961, p.458). Il est certain que Gauguin, dans les tableaux qu'il a peints à partir de 1885 et surtout dans certaines des œuvres faites à la Martinique en 1887 et en Arles en 1888, a employé une version (parfois verticale) de la facture diagonale que l'on peut voir chez Cézanne à la fin des années 1870 et au début des années 1880. De plus, la majorité des tableaux

Une crise financière, en 1883, fait basculer sa vie :

« l'amour de mon art me tracasse trop la tête pour que je sois un bon employé dans les affaires où il ne faut pas un rêveur »

Lettre à Pissaro, - 11 octobre 1883 -

Il est licencié. Son cinquième enfant vient de naître. Sa seule issue est de faire vivre les siens avec sa peinture, mais ses œuvres ne se vendent pas. Bientôt, les difficultés l'assaillent, sa femme ne supporte plus la misère.

Il reste seul à Paris avec son fils Clovis, âgé de six ans.

C'est une période bien sombre de sa vie qu'il traverse. Il est obligé de coller des affiches pour soigner son fils malade, et pour survivre. Son bon ami, Emile Schuffenecker, l'accueille chez lui. Mais la misère, la maladie, la vie pénible à la recherche d'un toit, l'obligent à placer son fils en pension et à quitter Paris.

Devenir « ce qu'il est »

La rude terre Bretonne, difficilement accessible, rêvée comme le bout du monde médiéval, est plus charitable. De la mi-juillet à la mi-novembre 1886, il vit, à crédit, chez Marie-Jeanne Gloanec, à Pont-Aven.

Il y trouve un climat affectif favorable à l'apaisement et au travail. Ses œuvres impressionnistes sont encore soumises à la réalité du paysage.

Les autres peintres le respectent et il commence à bâtir sa solide réputation, avant de regagner Paris.

---

de Cézanne qu'il possédait (cf. Bodelsen 1962 et 1870) présentait cette «touche constructive» décrite et analysée par Reff, 1962. Cette position anti-Gauguin telle que la rapporte Geffroy résume sans doute une sortie que Cézanne aura faite à Giverny ; Octave Mirbeau relate l'événement en détail (*in* Duret 1914) et Maurice Denis de façon plus concise, d'après une narration verbale de Mirbeau : « Déjeuner chez Monet ; au dessert, Cézanne se met à pleurer : *Ah ! ce Gauguin! J'avais une petite sensation, et il me l'a prise. Il l'a menée en Bretagne, à la Martinique, à Tahiti, oui, dans tous les paquebots! ce Gauguin!* » (Denis 1957, tome II, p. 46), *Conversations avec Cézanne*, P. M. Doran.- Ed.Macula 1978.

Un an plus tard, il est à nouveau exalté par le rêve de la vie sauvage et de la fuite. Accompagné de Charles Laval, il gagne Panama puis Saint-Pierre de la Martinique. Il en revient malade et démuni ; aux abois, pour payer son passage il a dû travailler comme terrassier aux chantiers du canal, son ami malade aussi et déprimé tenta de se tuer au cours d'une crise fiévreuse.

Au début de l'année 1888, pour son deuxième séjour en Bretagne, on le rencontre en compagnie d'Henry Moret et du breton de souche Ernest -Ponthier de Chamaillard.

Son œuvre prend de la maturité : il sent que l'impressionnisme, sous prétexte d'approfondir la reproduction du réel, le réduit à un jeu optique où il perd toutes ses forces, alors qu'il décèle en lui un impérieux besoin d'affirmer autre chose. Il faut retourner aux origines, à une composition solide, revenir au dessin.

Le jeune Emile Bernard, à son arrivée en août, possède déjà une technique simplifiée, où la couleur, étendue en grands à-plats, est cloisonnée par des cernes rappelant les vitraux. Les échanges entre les deux peintres concentrent une sève montante[4].

C'est en septembre que la couleur éclate : Paul Sérusier, guidé par Gauguin, dresse « le Talisman »[5].

[4] De cette époque naît le tableau « La vision du sermon ou La lutte de Jacob avec l'ange » de Gauguin Eté 1988. Aux teintes plates, à l'espace japonisant, l'œuvre est décorative et représente des lutteurs inspirés par un album d'Hokusaï. De nature symboliste, le tableau marque le début de la brouille avec Emile Bernard qui reproche à Gauguin d'avoir usurpé son style, en s'inspirant de sa toile « Bretonnes dans la prairie verte ». Gauguin voulut offrir ce tableau au curé de Nizon qui le refusa.

[5] Sous la dictée de Gauguin, en 1888, Sérusier peint, sur bois, un petit paysage du Bois d'Amour en couleurs pures. De retour à Paris, il montre à ses amis de l'Académie Julian ce qu'il nomme le « Talisman » (Musée d'Orsay). Cette découverte sera à l'origine de la formation du groupe des Nabis, qui veut dire « prophètes » en

« Commencez donc par affirmer, par crier votre émotion... »

Gauguin à Sérusier *in Sérusier*. Marcel Guicheteau. 1976.

La nature n'est plus le modèle extérieur objectif qu'il faut reproduire au mieux, avec virtuosité. Une idée nouvelle se dessine, déjà dégagée par Delacroix et Baudelaire : le peintre, le poète, traduisent aux autres leur monde intérieur.

Après le XVIIIe siècle rationaliste, où l'homme n'était envisagé que sous la notion d'humanité comme élément de la nature et partie de la création entière, au XIXe siècle, l'homme prend la place centrale, l'individu apparaît, et c'est le monde dans son entier qui représente l'homme. Ce qui avait commencé à germer à la fin du Moyen Age trouve en ce siècle sa pleine puissance ; l'art s'est ramifié en multiples rameaux, et chaque bourgeon contient en lui l'univers d'un créateur.

Le passage, de l'un à l'autre, est particulièrement ouvert par la religion chrétienne qui, en ravivant l'image du Christ, développe la dimension intérieure de l'individu. La relation à Dieu s'est faite intime, elle passe par la conscience, par une intériorisation. C'est le cœur de l'homme qui le met en lien direct avec Dieu et lui permet de se penser comme individu libre.

Ainsi, sur le plan littéraire, le romantisme isole un homme qui devient le sujet de son discours. Son essence est d'en refuser les limites, de toucher chaque individu dans ce qu'il a de plus personnel. Ce nouvel homme est complexe, insatisfait du présent, révolté contre la société, en quête d'autre chose.

Gauguin tend encore plus la corde, il veut communiquer, suggérer des idées et s'affranchir de la peinture descriptive.

---

hébreu. A son origine le groupe est composé de Bonnard, Denis, Ranson, Ibels et Piot. Maurice Denis développera de ces principes une théorie permettant aux idées de Gauguin de se répandre.

« Soyez Impressionniste jusqu'au bout et ne vous effrayez de rien ! Evidemment, cette voie symbolique est pleine d'écueils, et je n'y ai mis encore que le bout du pied, mais elle est au fond dans ma nature et il faut toujours suivre son tempérament. Je sais bien que l'on me comprendra de moins en moins. Qu'importe si je m'éloigne des autres : pour la masse je serai un rébus, pour quelques-uns je serai un poète, et tôt ou tard le bon prend sa place.

Qu'importe, quoi qu'il en soit, je vous dis que j'arriverai à faire des choses de premier ordre, je le sais et nous verrons. Vous savez bien qu'en art, j'ai toujours raison dans le fond »

Paul Gauguin à Schuffenecker, Quimperlé, 16 octobre 1888.

En hiver 1888, il quitte Arles, en laissant Vincent Van Gogh mutilé et un fauteuil vide. Il s'arrête à Paris chez Théo, le frère de Vincent, qui avait financé son séjour, et fait la connaissance d'un de leur compatriote, Jacob Meyer de Haan qui va à la recherche de la peinture.

La peinture! Gauguin sait où la trouver, et il reprend le chemin vers la terre bretonne, suivi par Meyer de Haan, pour son troisième séjour.

Il s'attache à pénétrer le pays, son atmosphère, sa vie ; à creuser le caractère de ses habitants, à explorer leur existence. Son style vacille encore entre l'impressionnisme de ses paysages et une facture plus synthétique, pour traduire l'âme des êtres. Les thèmes religieux qu'il peint deviennent monumentaux et poétiques.

Gauguin interroge , fouille le monde, et lutte pour devenir « ce qu'il est ».

A cette époque, Pont-Aven est déjà très organisée pour l'accueil des touristes et les peintres Français, Anglais, Américains, Danois s'y retrouvent en bandes. Certains, sortis des Beaux-Arts et à l'esprit conventionnel, raillent et méprises les expériences esthétiques de Gauguin et de ses comparses, le mot «impressionnistes» qu'ils leur décochent claque comme une insulte. Ils affichent leur mépris en refusant de partager la même table aux repas. Troublé par ces attaques, le petit groupe d'artistes continue malgré tout à poursuivre ses recherches picturales. Parfois ils s'échappent en petites expéditions pour pénétrer le pays.

Reprendre par le commencement
la quête de la vie

Un jour d'été 1889 la barque de Monsieur Jacob, capitaine des douanes arrive à l'embouchure de la Laïta au Pouldu. L'océan impose là un spectacle d'une beauté immémoriale, rituelle.

Dans l'embarcation, Gauguin, accompagné de Paul Sérusier, découvre sur cette plage du Pouldu, un espace et un sol sculptés par les lames de la mer avec rudesse ; Des lignes pures et simplifiées laissées par l'immensité de l'eau. Quelques maisons au milieu des sables et puis la campagne de l'arrière pays qui part en belles ondulations.

De Marie-Jeanne à Marie Poupée

« mais aucune existence ne peut se juger du dehors, et moins que tout autre une vie féminine ».
Margueritte Yourcenar *in Archives du Nord.*

Marie-Jeanne Henry est née le 25 janvier 1859, au bourg de Moëlan-sur-Mer, paroisse contiguë à celle de Clohars Carnoët et faisant, comme elle, partie du canton de Pont-Aven.

A sa naissance, ses parents, Philibert Henry, âgé de 36 ans, et Marie-Anne Daniel, âgée de 37 ans, sont inscrits au registre d'état civil comme « cabaretiers »[6]

[6] Ida Cochennec confiera à Mme Jaworska, en avril 1959, que son grand-père était boucher à Moëlan-sur-Mer.

Sa mère meurt quand elle a trois ans et Philibert se remarie. Hélas, la mort l'emporte aussi, deux ans après le décès de Marie-Anne. La petite Marie-Jeanne se trouve alors orpheline à 5 ans.

Malgré les quelques biens qu'elle possède, son tuteur la fait entrer comme déshéritée au couvent des ursulines de Quimperlé[7].

Ursulines de Quimperlé. Arrivée au couvent. (Coll. Pierre Le Thoër).

C'est une enfant au caractère malicieux et joueur, qui chahute un peu et se fait souvent réprimander par les soeurs. Elle mouille parfois encore son lit, pour la

[7] Les ursulines, religieuses de l'ordre de Sainte-Ursule, fondé en 1537 par sainte Angèle Merici, ouvrirent une école pour jeunes filles en 1652, à Quimperlé dans un immeuble rue Gorreker. Elles eurent beaucoup de difficultés pour s'installer car, à cette époque, de nombreuses congrégations étaient déjà implantées en ville : les dominicains au Bourgneuf, les capucins en haute-ville, et les bénédictins à Sainte-Croix. Le conseil municipal était hostile à cette nouvelle venue, c'est l'intervention de Louis XIV qui permit leur installation. En 1665, elles achetèrent la ferme « Le Bel Air », à l'emplacement de l'ancien château ducal, près des trois églises de la place Saint-Michel. Neuf ans plus tard le monastère était

punir, les religieuses lui relèvent son drap sur la tête. Il lui arrive de courir ainsi recouverte, à travers le dortoir, pour faire rire les autres petites pensionnaires ou effrayer les plus timides.

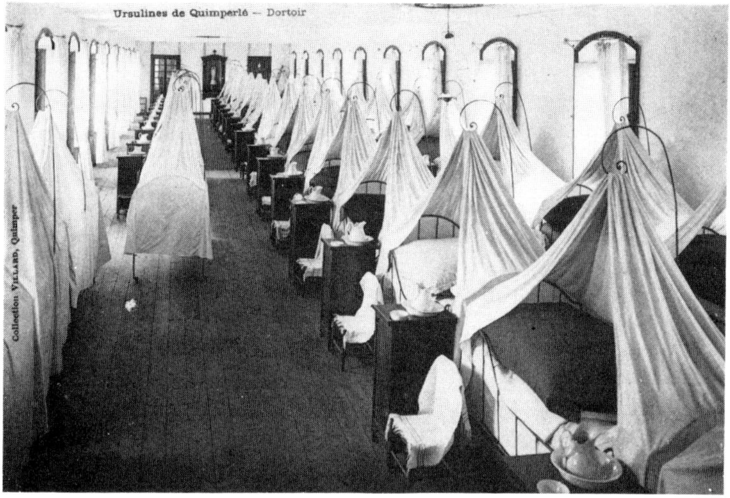

Ursulines de Quimperlé. Dortoir. (Coll. Pierre Le Thoër).

Elle grandit comme cela, au sein de cette communauté de femmes, entre travail et messes. Comme elle a une très jolie voix elle va parfois chanter dans les églises des environs pour les célébrations.

L'instruction que les ursulines donnent aux jeunes filles modestes doit leur permettre de tenir une mai-

---

achevé, et le 28 août 1674, 32 religieuses y entrèrent en procession. Hormis une fermeture pendant la période de la terreur en 1792, le collège fonctionna sans interruption jusqu'au 3 avril 1907, date à laquelle les religieuses furent expulsées par la force publique, au moment de la séparation de l'église et de l'état. Les quelques Ursulines qui sont restées à Quimperlé ont ouvert l'école Sainte-Jeanne-d'Arc en 1914, et l'Institution Notre-Dame de Kerbertrand en 1927. Aujourd'hui le collège Jules-Ferry occupe les bâtiments du premier monastère du Bel Air. L'école Sainte-Jeanne-d'Arc est devenue mixte et a été transferrée dans l'enceinte de Notre-Dame de Kerbertrand.

son, il comprend, entre autre, l'enseignement de la couture. Marie-Jeanne apprend avec elles à tailler, coudre, broder. A dix-huit ans elle quitte le couvent avec d'honnêtes connaissances et un bon savoir-faire.

C'est alors qu'elle se tourne vers son tuteur, elle lui demande des explications sur la gestion de ses biens qu'il a dilapidés et se fâche avec lui.

Elle trouve une place dans une pâtisserie de Quimperlé, la maison Olgiati, où elle est traitée comme la fille de la maison.

Marie est jolie ; est-ce pour sa beauté, pour sa finesse, pour une féminine douceur ou un trait de caractère qu'on la surnomme maintenant « Marie Poupée »?

Après quelques années, elle quitte la Bretagne pour s'engager à Paris comme femme de chambre, « dans une grande maison dont on ne sait rien, sinon qu'elle était pleine de domestiques, dont plusieurs Noirs ».[8]

Au cours de cette période, voulant assurer son avenir, avec sagesse elle fait des économies. Elle revient au pays, en 1886[9], pour acheter un terrain, chemin des Grands Sables, au Pouldu, et, volontaire, retourne travailler à Paris. Enfin, l'année suivante, elle est de retour et achète un autre terrain contigu au premier[10].

[8] Article du Dr René Guyot et de M. Albert Lafay, *Ouest-France*, 20 août 1963.

[9] « Suivant contrat de vente passé devant Maître Le Pontois, notaire à Quimperlé, le vingt-huit juin mil-huit-cent-quatre-vingt-six, transcrit au bureau des hypothèques de Quimperlé, le huit juillet mil huit cent quatre vingt six volume 171, numéro 47, Melle Henry a acquis de M. Jean Joseph Portier et Mme Anne Even son épouse, cultivateur à Kéranquernat, en Clohars Carnoët, un terrain d'une superficie de soixante-dix mètres carrés, aux dépendances du village de Kéranquernat, moyennant le prix de trois-cent-cinquante francs payé comptant ».

[10] « Suivant contrat de vente passé devant Me Le Floc'h, notaire à Quimperlé, le vingt-neuf août mil-huit-cent-quatre-vingt-sept, trancrit au bureau des hypothèques de Quimperlé, le six

Sur ces lieux presque déserts, elle fait bâtir sa buvette, bien modeste auberge, aux murs crépis à la chaux, aux meubles rares et sans tenture, mais dont elle est seule propriétaire. Depuis longtemps, elle avait remarqué les nombreuses charrettes qui sillonnaient le Pouldu, et qui utilisaient la route de Langlazic à Perzère[11] pour prélever du sable sur les grèves et les dunes.

Le Pouldu. Banc de sables. (Coll. particulière).

Très vite « La Buvette de la Plage » est fréquentée par les charretiers, les paysans ramasseurs de sable et les goémoniers. En fin de journée, ils laissent leurs tombereaux chargés de goémon pour se reposer un

---

septembre mil-huit-cent-quatre-vingt-sept, volume 179, numéro 9, Melle Henry a acquis de Mr et Mme Portier, sus nommés, un terrain d'une superficie de vingt-deux mètres carrés, faisant suite à celui précédemment vendu, moyennant le prix de cent-dix francs payé comptant ».

[11] La plage des Grands Sables reçut son nom au XIXe siècle, quand on a commencé à s'y baigner. Elle s'appelait auparavant « *Perzer* », pluriel de « *Porz* » (port).

Délibérations du conseil municipal de Clohars Carnoët :

« Plus de six mille charrettes passent annuellement sur ce

M. Laurent Brangoulo. (Portrait du parrain de Léa peint par Guillou de Concarneau). (Coll. Pierre Le Thoër).

peu chez la belle Marie Poupée.

On ne peut soumettre l'intimité d'une vie à une lumière trop crue qui lui enlèverait son relief, son mystère. Marie Poupée ne dira rien de cet homme qui dut compter pour elle. Une parole attendue trop vite attrapée, des promesses naïvement reçues ou un moment de faiblesse au cours du printemps et Léa naît aux Grands-Sables, le 28 février 1889. Comme Marie n'effectue pas immédiatement la déclaration de naissance de l'enfant, on lui envoie les gendarmes. La naissance de Marie-Léa Henry est portée au registre, à la mairie de Clohars, le 4 mars 1889. La petite fille n'est pas reconnue par son père. Le scandale n'est pas loin qui traîne avec lui l'humiliation ou la pitié. Marie redresse la tête, avec courage

---

chemin pour aller prendre du sable calcaire au Perzère près du Pouldu. Depuis quatre ans le conseil sollicite et demande que ce chemin soit classé de grande communication... » 8 mai 1861.

« Le conseil demande instamment à Monsieur le Préfet qu'un secours soit accordé pour l'entretien du chemin n°1 de Quilien au Pouldu. La commune ne pouvant y suffire, il faut faire des réparations sur ce chemin déformé par les nombreux charrois de sables, toute l'année et particulièrement dans les mois d'octobre et de novembre. Toutes les communes du canton viennent prendre du sable calcaire au Perzère, mais on y vient aussi des cantons d'Arzano, Scaër, Bannalec et de la commune de Moëlan. Il n'est point juste que la commune de Clohars Carnoët soit seule chargée de l'entretien de ce chemin ». 12 mai 1863

elle élève seule sa fille et se fait respecter, même si au lavoir, en relevant les lourds draps mouillés, on a trouvé matière à remuer sa langue. D'ailleurs, elle saura se faire estimer car, le 25 mai suivant sa naissance, la petite Léa est baptisée avec Jacquette Richard, pour marraine et pour parrain Monsieur Laurent Brangoulo de la ferme de Kerzellec, qui deviendra maire de Clohars Carnoët le 15 mars 1892, jusqu'en 1896.

Un nouveau Quartier Général :
« La Buvette de la Plage »

Paul Gauguin, qui confie :

« ce que je désire, c'est un coin de moi-même encore inconnu »

est attiré par le petit village du Pouldu qu'il avait découvert, au cours d'une excursion sur la barque des gabelous, qui surveillaient la contrebande d'alcool et de tabac. En juin 1889, de retour avec Sérusier, il s'installe d'abord à l'auberge Destais, au carrefour des chemins dominant la dernière côte de la route menant de Quimperlé à la plage, à la Croix de Kéranquernat.

Dans leurs allées et venues vers la mer, à un peu plus d'un kilomètre de leur chambre, ils passent devant le débit de Marie et ils entrent dans cet univers de simplicité. Ils côtoient là les paysans, les pêcheurs, les dragueurs de sables et les moissonneurs de la mer qui prennent à l'océan ses plantes aquatiques pour enrichir la terre. En fin de journée, on laisse les tombereaux chargés de goémon ou les charrettes de sable devant la porte de la buvette et on se retrouve au zinc, avant de repartir vers les terres. Parfois, quand la nuit s'est trop avancée, certains restent dormir.

Gauguin , déraciné au sang mêlé, aime la rudesse de ses hommes bruyants, rugueux, qui, dans l'odeur du cidre imprégnée des senteurs de goémon, ravivent le sauvage en lui. En compagnie de Sérusier, il apporte son bagage chez Marie. Une quinzaine de jours après Meyer de Haan les rejoint.

Le Pouldu. Les Grands Sables. La route conduisant à la plage. « La Buvette de la Plage ». (Coll. particulière).

A la fin de l'été, le jeune André Gide descend à la « Buvette de la Plage » où il est fort impressionné par ces « Messieurs » :

« ... j'arrivai, certaine fin de jour, dans un petit village Le Pouldu, si je ne fais erreur, le village ne se composait que de quatre maisons, dont deux auberges ; la plus modeste me parut la plus plaisante ; j'entrai car j'avais grand soif. Une servante m'introduisit dans une salle crépie à la chaux, où elle m'abandonna en face d'un verre de cidre. La rareté des meubles et l'absence de tentures laissaient remarquer d'autant mieux, rangé à terre, un assez grand nombres de toiles et de châssis de peintre, face au mur. Je ne fus pas plus tôt seul que je courus à ces toiles : l'une après l'autre, je les retournai, les contemplai avec une stupéfaction grandissante ; il me parut qu'il n'y avait là que d'enfantins bariolages, mais aux

tons si vifs, si particuliers, si joyeux que je ne songeai plus à repartir. Je souhaitai connaître les artistes capables de ces amusantes folies ; j'abandonnai mon premier projet de gagner Pont-Aven ce même soir, retins une chambre dans l'auberge, et m'informai de l'heure du dîner ».

« Voudriez-vous qu'on vous serve à part? ou si vous mangerez (sic) dans la même salle que ces messieurs? » demanda la servante.

Ces messieurs étaient les auteurs de ces toiles : ils étaient trois, qui s'amenèrent bientôt, avec boîtes à couleurs et chevalets. Il va sans dire que j'avais demandé qu'on me servit avec eux, si toutefois cela ne les dérangeait pas, ils montrèrent du reste, que je ne les gênais guère ; c'est à dire qu'ils ne se gênèrent point. Ils étaient tous trois pieds nus, débraillés superbement, au verbe sonore. Et, durant tout le dîner, je demeurai pantelant, gobant leurs propos, tourmenté du désir de leur parler, de me faire connaître, de les connaître, et de dire à ce grand à l'œil clair que ce motif qu'il chantait à tue-tête et que les autres reprenaient en chœur n'était pas de Massenet, comme il croyait, mais de Bizet... je retrouvai l'un d'eux, plus tard, chez Mallarmé : c'était Gauguin. L'autre était Sérusier, je n'ai pu identifier le troisième (Filiger, je crois).

André Gide, *Si le grain ne meurt*. Paris 1924, vol.II,
pp.195-196, cité par John Rewald dans
Le Post-Impressionnisme, Paris, Albin Michel, 1961.

En fait, ce n'est qu'en juillet de l'année suivante que Filiger s'installera à « La Buvette de la Plage » et l'on peut croire que le troisième homme est le Hollandais Meyer de Haan.

La misère a planté ses serres dans la peau de Gauguin, elle ne le lache pas. A bout de ressources, il file vers Pont-Aven vivre à crédit, alors que Sérusier part faire sa période militaire.

Meyer de Haan a trouvé le regard de Marie. Le soleil commence à pâlir, les vents qui balayent la campagne s'irritent. En voyant la mer se monter, Meyer de Haan songe qu'il faudrait trouver un atelier pour pou-

Le Pouldu vers 1890. « La Villa Mauduit ». (Coll. particulière).

voir continuer à peindre. Surplombant la plage des Grands Sables, face à la mer, le dernier étage de la belle villa de Monsieur de Mauduit, serait un phare idéal pour leurs recherches ; à quelques mètres de l'auberge de Marie, s'il en prenait la location à sa charge, Gauguin pourrait revenir...

Le 2 octobre 1889, Gauguin et Sérusier sont installés avec Jacob Meyer de Haan, à la « Buvette de la Plage », chez Marie Henry

Ils prennent pension chez Marie qui les entoure tout de suite de son attention.

Et là, commence une année de travail sans relâche. La force et l'énergie de Gauguin s'abandonnent.

Loin de la civilisation qu'il méprise, il affirme la liberté de sa personnalité et de son individualité artistique.

Le climat mystique et naturellement archaïque des lieux va favoriser ses recherches esthétiques.

« Sables roses et non jaunes à cause de l'humidité probablement - mer sombre -. En voyant cela tous les jours il me vient comme une bouffée de lutte pour la vie, de tristesse et d'obéissance aux lois malheureuses. Cette bouffée je cherche à la mettre sur la toile, non par hasard, mais par raisonnement en exagérant peut-être certaines rigidités de pose, certaines couleurs sombres etc ».

Paul Gauguin dans sa lettre à Van Gogh, décembre 1889.
in Cooper,1983.

A cette époque, le groupe des peintres de l'Ecole de Pont-Aven change de caractère, l'envol du synthétisme est assuré et hardi.

« La véritable existence et l'essor de cette « Ecole» ne commence qu'au moment précis où Pont-Aven fut abandonné pour Le Pouldu. Tout ce qui s'était fait auparavant doit être considéré comme une phase préparatoire. Ce n'est qu'une fois installée au Pouldu que l'Ecole deviendra un organisme vivant, autonome, et qui, tout en continuant à s'épanouir au-dedans, ne cessera de rayonner à l'extérieur et d'attirer de nouveaux adeptes ».

Wladyslawa Jaworska. *In Gauguin et l'Ecole de Pont-Aven.*

Si Gauguin est le conquérant qui cherche à trouver de nouvelles images de la vie, Jacob Meyer de Haan est le savant inquiet de spiritualité. Il est issu d'une riche famille israélite d'Amsterdam. Il jouit de la sérénité qu'apporte les succès professionnels ; aîné de trois frères, avec lesquels il partageait des aspirations artistiques et culturelles très sensibles, il a fondé avec eux une biscuiterie prospère. Quand il a rencontré Gauguin, par l'intermédiaire de Pissaro, chez Théo Van Gogh à Paris, pour suivre le penchant de son âme réceptive, il voulait se vouer entièrement à la peinture. Afin de vivre sa passion, il règle le problème de sa situation financière en passant un accord avec ses frères : en échange d'une petite rente mensuelle, il leur abandonne la fabrique de biscuits. Désormais la voie est ouverte aux rêves.

Gauguin n'est pas professeur, mais il émane de lui une puissance, une autorité incontestables. Meyer de Haan admire son talent , pour rester avec lui, il prend à sa charge les frais de sa pension.

Le rêve de la communauté d'artistes

L'éclosion créatrice

Au Pouldu, les peintres sillonnent la côte, escaladent les dunes, esquissent les lignes sur leur carnet. Sérusier, cheveux roux au vent, a belle allure avec son gilet breton. Pieds nus dans ses sabots paillés, d'une voix de ténor il chante Bach, face à l'océan. Jourdan, Chamaillard, Laval les accompagnent parfois dans leurs explorations.

Ils cheminent en campagne pour aller à la rencontre des enfants de paysans qui se promènent avec leurs vaches. Ils détaillent les costumes, les grandes coiffes noires[12], les scènes de la vie quotidienne, une vague ou un verger, et en font de rapides croquis pour fixer la composition. C'est de retour à l'atelier que le travail doit rendre, rapidement, de mémoire, et simplifiée, la sensation perçue. Pour décorer leur lieu de travail ils ont accroché aux murs des estampes japonaises[13], dont les impressionnistes apprécient la

[12] Ces « capots » étaient des marques de deuil qui recouvraient les coiffes traditionnelles.

[13] « Il restera toujours merveilleux - si la légende a quelque fondement et même sans cela - que Claude Monet ait fait la connaissance aux Pays-Bas avec les estampes de Hokusaï chez un commerçant qui ne trouvait pas ce papier trop solide... Plus d'un maître japonais de l'ukiyo-e a en tout cas servi de papier d'emballage aux Pays-Bas, étant donné les relations « privilégiées » de ce pays avec le port de Nagasaki ». in *Hokusaï* par Henry-Alexis Baatsch. Hazan,1985.

La grande vogue des estampes japonaises en Occident fut liée à celle de l'impressionnisme. Les artistes japonais du XVIIIe

beauté, et des Images d'Epinal.[14]

Les graveurs nippons tirent l'essentiel de leur effet dans la circonscription du trait et de la couleur, avec une perspective schématisée ; les Images d'Epinal renvoient à une imagerie populaire de caractère simpliste et naïf. En associant l'atmosphère moyenâgeuse de la Bretagne à ces influences, Gauguin et ses amis catalysent un nouvel art.

Henry Moret les rejoint l'après midi à l'atelier Mauduit ; au retour, il s'arrête avec eux à « La Buvette de la Plage ». Puis il regagne le Bas-Pouldu où il demeure près de chez Jacob. Depuis de nombreuses années, il affectionne Le Pouldu, en 1881 on le recensait déjà au Bas-Pouldu chez Goulven.

Les journées passent ; riches moissons des lignes et des couleurs venues des saules ou des pommiers, des grèves et des falaises, des rochers et des lichens. Leurs études sont toujours détachées du réalisme, jouant avec les formes simplifiées, sans modelé ni ombres, poussant les couleurs à leurs limites.

---

siècle abandonnèrent la rigoureuse manière traditionnelle, issue des principes de l'art chinois, pour produire des gravures sur bois tirées en couleur, représentant des scènes quotidiennes. Malgré la perfection technique de cet art populaire raffiné, les amateurs nippons n'estimaient pas ces tirages à bon marché. C'est par les échanges commerciaux avec l'Europe et l'Amérique que ces estampes trouvèrent une modeste porte d'entrée, souvent sous forme d'emballage.

L'ukiyo-e est une école de peintres qui remonte au XVIIe siècle et qui a d'illustres représentants, avec Utamaro (1754-1806), Hokusaï (1760-1849) et Hiroshige (1797-1858).

[14] Epinal est la capitale de l'imagerie populaire. Les images qui y sont produites ont un rôle directif et édifiant, parfois naïves, trés colorées, à tirage important, elles sont largement diffusées. Plus tard, associées à la caricature, elles seront précurseurs de la bande dessinée.

« Tout est au-dessous, se lamentent-ils, en vidant leurs tubes de leurs tons purs et sans mélanges »
Cahier de Mothéré recopié par Charles Chassé.

Un petit temple d'art

Au fil des jours de l'automne1889, à la « Buvette de la Plage », les murs, les boiseries de la salle à manger se couvrent de peintures. L'enthousiasme n'épargne pas les fenêtres métamorphosées en répliques de vitraux. Là où l'on n'a pas peint à même les murs, on accroche des tableaux, des cartons peints ou des lithographies sur papier jaune.

Meyer de Haan commence par peindre une grande fresque sur la surface centrale du mur Ouest de la salle à manger. Elle figure deux paysannes teillant le chanvre avec de rustiques broies en bois.

Sous cette scène champêtre, sur un fond uni gris, Sérusier calligraphie en émeraude, un passage d'un texte de Wagner traduit en français :

« Je crois à un jugement dernier où seront condamnés à des peines terribles tous ceux qui, en ce monde, auront osé trafiquer de l'art sublime et chaste, tous ceux qui l'auront souillé et dégradé par la bassesse de leurs sentiments, par leur vile convoitise pour les jouissances matérielles ».

La finesse d'esprit, pointée d'une touche d'ironie, de Sérusier se profile ici, qui, sans prendre à la lettre ces imprécations grandiloquentes, traduit une légère réticence face à la présomption de Gauguin qui souvent fanfaronne, persuadé de sa supériorité ; mais entouré d'hommes très cultivés, l'ancien marin au vocabulaire simple mesure les limites de ses connaissances intellectuelles ; par sa volonté de fer, ses conceptions claires, il compense cette faiblesse. De ses aventures maritimes, il a conservé les maximes irréductibles comme « vive le vin, l'amour et le tabac! ». Vin, cidre ou absinthe[15] ne manquent pas chez Marie, mais l'amour et le tabac lui tiennent plus à cœur. Meyer de Haan fournit le tabac qu'il achète en gros paquets d'une livre, versés dans un pot de grès laissé à la disposition de chacun.

Après le dîner, dans la salle à manger, les artistes font des parties de loto ou de dames en fumant leur pipe, souvent ils dessinent à la lueur de la lampe, parlent de philosophie, échangent les mots des peintres. Dès qu'il est question d'art, les yeux de Gauguin s'allument et son visage retrouve la grave noblesse inca. Parfois Marie les écoute en brodant son corset, ou en berçant la petite Léa.

Sérusier, le « Nabi à la barbe rutilante » diffuse l'esthétique nouvelle de Gauguin. Avec son esprit analytique, il discerne rapidement les points forts de l'intuition de Gauguin et les précise en théorie. Compagnon joyeux, d'une culture supérieure, c'est aussi un guide intellectuel et artistique pour son aîné.

> *« Je vis entre Gauguin et de Haan, dans une salle à manger d'auberge par nous décorée et ornée. Je travaille un peu et j'apprends beaucoup ; que de choses j'aurai à vous dire, quand nous nous reverrons. Mon destin se transforme... »*
>
> Sérusier à Maurice Denis, Le Pouldu automne 1889.
> *ABC de la peinture*, 1942.

Maison MARIE-Henry

Dans une grande atmosphère d'effervescence artistique, la salle à manger continue sa métamorphose.

A gauche des « Teilleuses de lin », Meyer de Haan peint, sur la petite porte en bois cachant une niche, une nature morte « Pichet et Oignons » ; au-dessus,

[15] Cette liqueur amère, très toxique, agissant spécialement sur le système nerveux, sera interdite à la fabrication et à la vente, par la législation française, en 1915.

Gauguin peint « une jeune femme filant au bord de la mer, son chien, sa vache » encore appelée « La bergère » ou « Jeanne d'Arc ».

Pichet et oignons. Jacob Meyer de Haan 1889. (Coll. Musée des Beaux-Arts de Quimper).

Sur la porte d'entrée, sur le panneau inférieur, il peint « La femme Caraïbe » - femme créole nue, offerte, à la peau couleur d'ambre, éclaboussée de la lumière des soleils - qui dit son rêve d'exotisme et symbolise un de ses fantasmes sexuels.

Sur le panneau supérieur, apparaît le seul autoportrait où Gauguin se représente en pied, et qu'il intitule

« Bonjour M. Gauguin », clin d'œil au célèbre tableau de Courbet de 1854 qu'il a vu, au Musée de Montpellier, en compagnie de Vincent Van Gogh. Dans une atmosphère sombre, une barrière sépare l'homme et la femme, le regard échangé est furtif ; avec un bonjour rapide, la timide bretonne coiffée de noir passe rapidement son chemin.

Surmontant cet ensemble, sur le mur, « l'Oie ». Au dessus du cou tendu de l'oie blanche, qui regarde les occupants de la salle à manger d'un œil rond, Gauguin a écrit entre deux fleurs stylisées : Maison MARIE-Henry. Comme un emblème, une enseigne intérieure.

L'oie. Paul Gauguin - 1889. (Coll. particulière).

Le plafond de bois, recouvrant les solives et les poutres, est aussi entièrement peint et décoré par Gauguin. Des composition d'oignons et d'aulx, encadrent un couple d'oies stylisées qui regarde son reflet. Dans un angle, Gauguin inscrit : « ONI SOIE ki mâle y panse ».

Les « humbles carreaux » sont décorés de pochades amusantes représentant des scènes campagnardes. Des personnages rustiques s'activent vers leurs travaux, cheminant sur une route sinueuse qu'un âne chargé emprunte pour se rendre au moulin voisin.

Dehors, les jours sont plus courts, la bise froide balaye la côte, le granit s'est encore dépouillé. De l'atelier, les orages sur la mer sont superbes.

A la buvette, Marie a réinstallé le fourneau en tôle et fonte dans le débit, à côté du comptoir. Les clients sont moins nombreux, l'intimité se resserre. Gauguin tente de courtiser Marie qui repousse sans hésitation le « maître agressif » dont elle n'apprécie pas les avances. Elle a une morale de femme simple, bien à elle. Certes elle élève la petite Léa seule et courageusement, défiant les conventions, elle n'a personne pour la défendre, mais elle refuse la séduction de Gauguin, homme marié et père de famille. Ce n'est pas le « chef », le bel homme irrésistible et sûr de lui, qui gagne son cœur, mais le petit de Haan, si disgracieux, si calme et effacé, qui peint sur ses sabots de si jolies fleurs.

L'énergie de Gauguin se concentre. Il n'abandonne jamais une toile, une sculpture, une poterie. C'est la volonté, la certitude et la fécondité. Il décore tout ce qu'il touche, plats en bois, cannes, tonnelets à vin, pots en grès, jusqu'à ses sabots de bois clair qu'il rehausse d'or, d'azur et de vermillon. Au sol, une bûche de chêne destinée au feu : il s'en empare et sculpte un saisissant buste de Meyer de Haan qui préfigure la sculpture contemporaine.

Les deux portes des armoires de la salle à manger qu'il entreprend de peindre sont révélatrices de son caractère. Il y brosse son portrait à droite, celui de Meyer de Haan à gauche. Il travaille les deux effigies de la même façon, rapidement, à la suite de conversations qu'il a avec son ami sur leurs préoccupations métaphysiques. Ces portraits jumeaux sont traités avec ambiguïté, à la fois caricatures et icônes. Gauguin se représente en initié et en mage auréolé, le visage, aux longs cheveux noirs, nimbé d'une lumière supérieure. Sa main tend, offre même, un serpent, et des pommes flottent près de son regard fascinateur. Deux plans colorés jaune vif et rouge, avec de belles arabesques sombres au mouvement ascendant, composent ce panneau. Sur l'autre porte, en opposition, il fait de Meyer de Haan le portrait d'un homme rachitique, presque monstrueux à force de déformations. Coincé dans l'angle du tableau, son visage cerné d'ombre est soutenu par une main difforme, appuyée sur une table qui semble arriver à ses épaules. Un gros nez, des yeux d'alcoolique, le fez de travers laisse échapper des mèches rousses, rebelles, sur la bosse du chandail rouge. Posés sur la table, deux livres, éclairés par une lampe : « Sartor Resartus » de Carlyle[16] et « Le paradis perdu » de Milton.[17] La masse jaune de la table, qui coupe en diagonale le panneau, donne une impression pesante à l'ensemble de la caricature, accusée par la tension du regard effrayant de Meyer de Haan.

Gauguin s'offre la tête de son rival et mécène. Dans ces « portraits charge » il mêle les symboles. Sa jalousie pour les amours de Marie Poupée avec de Haan, sa supériorité d'artiste devant les obsessions intellectuelles des peintres théoriciens qui l'entourent.

Jacob Meyer de Haan, d'une âme consciencieuse et sensible, s'attache à faire le portrait de Marie allaitant

[16] Carlyle Thomas (1795-1881). Né en Ecosse, la grande préoccupation de sa vie sera de « se trouver ». « Sartor Resartus » (Le tailleur retaillé), mélange de roman et d'autobiographie, de philosophie, d'étude mystique et d'ironie, est à la fois une contestation romantique de la réalité et une critique de la société victorienne. Il illustre le conflit entre le renoncement à soi et la recherche de soi.

[17] Milton John (1608-1674), poète anglais né à Londres, fut l'auteur de poèmes pastoraux et philosophiques. Devenu aveugle, il dicta « Le paradis perdu » en 1607 ; grand poème biblique qui traite de la connaissance, qui fit perdre aux hommes le paradis, et de la révolte de Satan. Il fut prolongé, en 1671, du « Paradis reconquis ».

Jacob de Meyer de Haan. Maternité : Marie Henry allaitant sa fille Léa, 1889. Ancienne collection Marie Henry. (Coll. Josefowitz).

Léa. Ses pinceaux, empreints de tendresse, créent une subtile étude de caractère. D'un dessin magistral, son œuvre repose sur des lignes souples et rondes, une arabesque cerne de grandes surfaces planes. La tête de Marie est tendrement penchée vers son enfant qu'elle enlace de ses mains calmes. Elle est vêtue de bleu, comme une madone. Tout contribue à créer une ambiance de « Maternité ». De Haan réussit là un bel exemple de synthétisme. La toile est vernie très soigneusement. Gauguin fort impressionné, l'encadre d'un large cadre plat uni, couvert d'une marbrure rose mate, et le met à la place d'honneur, dans la salle à manger, sur le mur face à la porte d'entrée.

Sur le bord de la route des Grands Sables

Bordée au Nord-Ouest par la route de La Grève des Grands sables à Quimperlé, la « Buvette de la Plage » est une modeste maison qui comprend deux pièces au rez-de-chaussée, séparées par une entrée centrale continuée par un escalier de bois qui monte aux chambres. Face à l'escalier, à droite on pénètre dans le débit de boisson où Marie à fait installer son comptoir pour servir les paysans en costume du pays ; à gauche elle a aménagé la salle à manger qu'elle réserve aux consommateurs élégants et aux pensionnaires « à la mode de la ville ». A l'arrière, au Sud-Ouest, une cuisine sous un toit de zinc, prolongée, au Sud-Est, par une petite courette abritée du vent de mer par un mur élevé.

Attenant au pignon Nord-Est, un petit appentis, contenant un puits et sa pompe, s'appuie au mur de la maison. Au sol, recouvrant la terre battue, le sable des dunes s'est infiltré. Pour ses artistes pensionnaires, Marie fait recouvrir d'un plancher le sol et le puits, transformant ainsi cette remise en atelier éclairé par la lumière du nord, la plus recherchée des peintres.

A l'étage, le palier ouvre sur les trois chambres et le cabinet de toilette. Marie dort dans la grande chambre Est, qui comporte une cheminée, au-dessus de la salle à manger. Le petit lit de Léa proche du sien. Elle partage cette intimité avec Jacob Meyer de Haan.

Sérusier s'est installé dans la chambre à l'Ouest donnant sur la mer et sur la rue.

Gauguin a pris possession de la petite chambre qui donne sur le toit de la cuisine et sur la cour. Pour calmer les ardeurs de sa nature sensuelle, certains soirs, en passant par la fenêtre, il va rejoindre la bonne « à la mode d'Auray » qui dort dans la buvette. Aux murs de sa chambre, il a accroché des estampes d'Utamaro, de graves Puvy de Chavannes, une photo de la « naissance de Vénus » de Botticelli et une reproduction de l'« Olympia » de Manet.

A quelques mètres de la petite maison, parfois, le vent hurle dans la lande ; à travers un ciel d'ardoise, il traîne au sol les ombres affolées des nuages. Sur cette terre catholique, exposée aux humeurs de la mer, où les calvaires, les

Chez la rebouteuse. La décompteuse du Pouldu. (Coll. particulière).

chapelles, les statues s'érigent à côté de mystérieux menhirs, le fantastique, les superstitions, la religion, échauffent les imaginations. Les légendes et les fables que l'on raconte aux enfants sont peuplées de lutins, d'âmes errantes et de fées. Toujours il est question de l'enfer et de la mort, avec son terrible ouvrier : l'Ankou.

Comme il est tentant pour les rapins de faire des farces aux femmes naïves du pays ! Recouverts de draps, ils viennent jusqu'au lavoir les surprendre et s'agiter devant elles. Les malheureuses fuient, terrorisées par les «lavandières de la nuit», ces âmes damnées condamnées à laver le suaire des morts, qui peuvent vous entraîner dans leur ronde jusqu'en enfer. Et Marie s'amuse, elle rit, comme lorsqu' elle courrait à travers le dortoir du couvent. Le regard posé sur elle s'assombrit, comme sa réputation.

Le Pouldu. Lavoir de Ster-Vilin. (Coll. particulière).

Gauguin est déçu par l'accueil de son travail dans les milieux parisiens. Ses tableaux ne se vendent pas.

« Quant à moi, de tous mes efforts de cette année-là, il ne reste que des hurlements de Paris qui viennent ici me décourager, au point que je n'ose plus faire de peinture et que je promène mon vieux corps par la bise du Nord sur les rives du Pouldu! Machinalement, je fais quelques études (si l'on peut appeler étude des coups de pinceau en accord avec l'œil). Mais l'âme est absente et regarde tristement le trou béant qui est devant elle.

Mais aujourd'hui, quelle misère, quelles difficultés. Quant à moi, je me déclare vaincu... par les événements, les hommes, la famille et non par l'opinion. Celle-là je m'en moque et je me passe d'admirateurs. Qu'ils regardent attentivement mes tableaux derniers (si toutefois ils ont un cœur pour sentir) et ils verront ce qu'il y a de souffrance résignée. »

Gauguin à Emile Bernard, Le Pouldu, novembre 1889.

Les artistes font mille projets pour se livrer à leur art sans réserve. Gauguin, rêve d'une terre promise des peintres, d'un « atelier du Tropique » où ils mèneraient « une vie d'extase, de calme et d'art... loin de cette lutte européenne après l'argent ». L'amertume et la déception le gagnent. Il n'arrive pas à se sortir de ses dettes, alors, au début de l'année 1890, il écrit à Schuffenecker :

« Vous croyez que le Hollandais me nourrit ici? Il m'a demandé de quitter Pont-Aven pour venir au Pouldu le faire travailler en impressionniste et, comme je n'ai pas le même crédit, il me paye ma pension comme prêt, en attendant une vente Goupil... Je me prive de fumer, ce qui est pour moi une souffrance. Je blanchis en cachette une partie de mon linge ; enfin sauf le manger ordinaire, je suis dénué de tout. »

Lettre à Schuffenecker, 23 janvier 1890.

Quelques jours après, l'ami « Shuff » lui fait parvenir les moyens de regagner Paris et l'héberge à nouveau.

« La capitale le revoit en janvier 1890, démuni de numéraires, mais « coiffé d'un béret de pêcheur, chaussé de sabots bretons qu'il a sculptés, le torse

gaîné d'un jersey garni à sa partie supérieure de broderies bretonnes, drapé d'un mac-farlane. »

Docteur Palaux.

Mais dès le mois de Juin 1890, après avoir vendu des toiles, Gauguin est de retour au Pouldu.

Son ami Charles Laval, qui, auparavant, était déjà descendu à la « Buvette de la Plage », vient passer quelques jours aux Grands Sables.

Les artistes n'ignorent rien de ce qui se passe dans le monde des arts. Ils s'écrivent beaucoup, décrivant l'évolution de leur travail et de leurs idées. Ils tissent un réseau de liens entre eux, reçoivent visites et font de nombreux déplacements à Lorient, Pont-Aven, Quimperlé et les environs.

Vers le 24 juin , de retour au Pouldu, après cinq jours passés à Pont-Aven, Gauguin trouve une lettre de Vincent Van Gogh qui lui annonce son intention de venir .Vincent est en perdition, il se sent si proche de Gauguin, tellement semblable. Malgré la violence de leurs relations et le drame de leur rupture, il lui a gardé son affection. N'ayant pu réaliser « l'Atelier du Midi », il désire partager son rêve et être admis au sein de la communauté des artistes du Pouldu ,« Les copains du Nord »

« Non c'est impossible. Il est fou, il a voulu me tuer ! »

Cahier de Mothéré recopié par Charles Chassé.

Gauguin connaît sûrement la souffrance de Vincent, il reconnaît ses luttes, ses mirages , cette force créatrice qu'il porte aussi en lui, mais son impérialisme arrache tout pour préserver sa supériorité ; par une lettre, avec des arguments lâches et fallacieux, il écarte définitivement Van Gogh. Personne ne le contredit.

Quand il apprendra le suicide de Vincent, un mois plus tard, il ne se montrera ni étonné, ni attristé. Mais sous un cynisme apparent, il est aussi fragile que Van Gogh. Le drame d'Arles lui a laissé le goût amer de la déception et s'il ne voit pas encore poindre la dérive de ses illusions, sa perception trop aiguë de la vie exclut une existence ordinaire.

« Entre deux êtres, lui et moi, l'un est tout volcan et l'autre bouillant aussi, mais en dedans, il y avait en quelque sorte une lutte qui se préparait. »

Gauguin à propos de Van Gogh in *Gauguin et l'Ecole de Pont-Aven*. Wladyslawa jaworska.

Le 14 juillet, Gauguin, Sérusier, Meyer de Haan grimpent dans une carriole et partent faire la fête dans les rues pavoisées de Pont-Aven. La ville est encombrée de baraques foraines, de manèges, de marchands ambulants, de touristes. Au milieu de la foule qui se presse, des sonneurs et des danseurs de gavotte, le peintre Nantais, Maxime Maufra, rencontre le groupe du Pouldu.

« ...une carriole semblant contenir une bande de romanichels arriva sur la place et s'arrêta au seuil de l'auberge. Je sentis un vent de colère qui passait sur certains et l'ont dit : « voilà les impressionnistes! ».Descendant successivement de cette carriole paysanne, un grand diable de peau-rouge, un blond à la tête de Christ et un petit bossu coiffé d'un fez écarlate. Un autre gros papa au sourire figé fut à terre le dernier. Le peau-rouge était Gauguin, les autres ses disciples : de Haan, Sérusier et Filiger...

On parla art, peinture, et le plus clair de cette première réunion fut que je n'entendis parler que de couleurs pures et je sentis que le vert véronèse était la couleur la plus appréciée avec le jaune de chrome. La soirée se termina tardivement après avoir bu et vu boire énormément.

Le lendemain, la carriole reprenait le chemin du Pouldu. »

Maxime Maufra

Le 23 juillet 1890, Charles Filiger fait son entrée à la « Buvette de la Plage »

Il vient rejoindre ses amis peintres chez Marie qui protège leurs recherches artistiques, depuis plusieurs mois déjà. Elle installe Filiger dans l'ancien appentis, transformé en atelier.

Paul-Emile Colin les retrouve. Jeune étudiant en médecine de 23 ans, il a rencontré Filiger à Paris quand il était venu y terminer ses études, trois ans auparavant. Artiste aussi, Filiger l'a initié au symbolisme mystique et au retour au primitif. Comme il aime la gravure, Filiger lui a montré son album de zincographies faites par Gauguin et acquis lors de l'exposition du Café Volpini[18]. Plus tard, Colin deviendra l'un des maîtres de l'estampe en France.

Le matin, les peintres se lèvent de bonne heure, vers sept heures ils prennent leur petit déjeuner, puis, équipés de leur matériel, partent travailler dans les environs. Parfois les amis se retrouvent à la plage. Sur le sable, dans un coin de rocher, Gauguin prend sa guitare et Filiger, délicatement, joue de la mandoline.

« Je revois aussi Gauguin, se baignant, à la plage du Pouldu, avec son bec d'aigle, ses yeux clairs et ses cheveux noirs, un peu longs, son béret, son caleçon de bain, le ventre de l'homme de quarante ans ; il vous faisait penser à la fois à un bateleur, à un troubadour, à un pirate. »

Paul-Emile Colin, Lettre à Charles Chassé.

Charles Filiger : un personnage mystérieux et mystique

Natif deThann, en Alsace, (peu éloignée d'Epinal, capitale de l'imagerie), il était à Paris pour étudier la

[18] En mai 1889, à Paris s'ouvre l'Exposition Universelle. La Tour Eiffel vient de naître. La sélection officielle de l'exposition exclut Gauguin et Bernard. Emile Schuffenecker trouve alors, au Champ-de-Mars, le Café de Monsieur Volpini pour exposer leurs œuvres. Cette exposition du « Groupe impressionniste et synthétiste » réunit Gauguin, Laval, Fauché, Schuffenecker, Anquetin, de Monfreid, Bernard et Roy. Elle s'ouvre au début du mois de juin 1889.

peinture quand, en 1889, il eu la révélation de l'art de Gauguin et de ses amis en visitant leur exposition au Café Volpini.

Petit homme rond, aux traits sensuels, d'une individualité énigmatique, renfermée et solitaire, il se met toujours en retrait. Même dans les moments où les conversations sont les plus animées entre les peintres à la « Buvette », il écoute, sans prendre la parole.

Son éducation familiale lui a distillé le catholicisme dans le sang, mais il affirme ses conceptions personnelles sans céder au rituel de l'église. La terre bretonne nourrit son imaginaire secret, et toute l'âme de la Bretagne se trouve dans sa peinture. Pourtant, avant de la connaître, il ne trouvait qu'un avantage financier pour s'y rendre.

Sans se soumettre à l'influence de Gauguin, dans son travail il pousse la synthèse à l'extrême. Des rochers, de la mer, des nuages et du ciel, il ne garde que les lignes finales, à la limite de l'abstraction. Il cerne les

Paysage du Pouldu. Charles Filiger vers 1890. (Coll. du Musée des Beaux-Arts de Quimper).

arbres souffrant sous le vent qui restent pétrifiés devant l'océan inerte, quand revient le calme. Il élimine la perspective, fige le temps dans des strates monochromes. Ses paysages du Pouldu deviennent, par la pureté de leur construction cloisonnée, de véritable émaux.

En ces années, flottent , dans les milieux intellectuels, des préoccupations théosophiques et la mode est au spiritisme et à l'occultisme. Deux ans plus tôt, en 1888, le sâr Péladan se rendait à Bayreuth en Bavière, pour entendre Parsifal de Wagner. Les partitions remplies de symboles du compositeur allemand enflammèrent son esprit :

> *« J'entendis trois fois Parsifal et ce furent trois embrasements de mon zèle, trois illuminations. Je conçus alors et du même coup la fondation des trois ordres de la Rose †Croix du Temple et du Graal. »*
>
> J.Péladan, *Le Théâtre complet de Wagner*, Paris 1894.

Péladan veut unir la religion et l'art , il fonde l'ordre de la Rose†Croix catholique. Le comte Antoine de la Rochefoucauld, qui est un dirigeant de ce groupement, rencontre Filiger qui peint des thèmes religieux, et, dès le mois de février 1890, il le soutient financièrement.

Les œuvres de Filiger sont toutes imprégnées de mysticisme, d'un synthétisme minutieux et orné. Elles sont un mélange naïf d'art byzantin et de Quattrocento. D'ailleurs, sa mère - à laquelle il voue un amour exclusif -, est italienne, et ses maîtres préférés sont Cimabue et Giotto. Il refond cet univers en y apportant le mysticisme populaire breton et en adoptant les principes de Gauguin : « peindre de mémoire, simplifier, recomposer, unifier ».

Méticuleusement, dans son atelier, à la gouache ou à l'aquarelle, il crée un monde silencieux de personnages qui semblent tous issus de la même famille par leur ressemblance. Sur des formats réduits, comme des miniatures, l'élément central de sa composition est le visage humain, lisse, sans mimique, dans lequel la symétrie est soulignée par l'axe stylisé du nez. La présence charnelle est gommée. Toute cette simplicité concentre l'attention sur le regard où affleure un sentiment d'éternité. D'une beauté sourde, émouvante, les figures résignées de ses saints, de ses paysans bretons, de ses Christs, donnent toutes l'idée du secret d'un monde qu'on ne peut dire. Les premiers artistes préhistoriques, dans leurs grottes, voulaient par la magie de leurs dessins tracer les contours de l'animal ciblé, ici c'est l'âme qui est la cible de Filiger.

Le Comte de la Rochefoucauld, par son aide, lui permet d'utiliser l'or et l'argent pour rehausser ses gouaches enluminées. A Paris, discrètement, il reçoit les œuvres produites au Pouldu. Comme on ne voit guère les fruits de son travail, Filiger passe facilement pour un paresseux peu productif.

Pourtant, enfermé, à sa table, il travaille avec un recueillement et une patience de bénédictin une série d'aquarelles et de gouaches qu'il nomme « notations chromatiques ». Comme un honnête artisan, le compas et l'équerre à la main, de façon presque obsessionnelle et compulsive, dans des écrins ovales, dans des médaillons, ou encore dans des polygones, il trace, dessine de merveilleuses pierres précieuses qu'il colorie avec une minutie tendue et appliquée.

Pour beaucoup, il reste un personnage mystérieux et l'on raconte qu'une nuit, à Paris, il fut trouvé sans connaissance par la police, les mains ensanglantées et un couteau planté dans la cuisse.

Le Pouldu : un « Lieu de Pensée »

« Les lettres du Pouldu, puis celles allant de 1889 à juin 1891, révèlent un processus rigoureux d'analyse intérieure, une préoccupation pour ce qui concerne des questions théoriques d'importance ainsi qu'une volonté acharnée de vaincre, en dépit des difficultés l'accablant. C'est en fait au Pouldu que Gauguin déve-

loppe avec une intensité toute particulière son chemin de créateur et de penseur qui fait de lui un artiste moderne. »

LINNEA S. DIETRICH. Professeur à la Faculté d'Art de l'Université de Miami, Oxford, Ohio, U.S.A. dans *Gauguin et ses amis peintres - La collection Marie Henry - « Buvette de la Plage » Le Pouldu, en Bretagne. Le Journal Maïnichi* - Japon.

Comme les moines qui cherchent la contemplation derrière l'isolement des murs, la terre du Pouldu obligent les artistes à se retrouver face à eux-mêmes.

La présence solennelle et permanente de la mer, sa perspective unie, l'austérité des lignes du granit, donne une force sans contradiction au paysage qui contraint l'esprit à aller à l'essentiel.

« La Buvette de la Plage », que Gauguin a nommée « La Maison MARIE-Henry », est devenue, spontanément, un centre intellectuel et artistique. Maintenant les rencontres n'y sont plus fortuites, les peintres qui y convergent savent ce qu'ils veulent y trouver et y faire.

Le peintre Polonais Wladislas Slewinski, a vu l'exposition au Café Volpini, l'année précédente et s'est lié d'amitié avec Gauguin. Lui aussi arrive au Pouldu.

Cet homme de 34 ans, aux origines nobles, a quitté ses domaines en Pologne, ruiné par les saisies. En fuyant Varsovie, il a abandonné ses parties de chasse, sa vie frivole et légère, le tourbillon des danseuses de ballet. Voilà comment il échoua à Paris, en 1888, sans métier mais voulant peindre.

La rencontre avec Gauguin est déterminante dans la direction que va prendre sa vie. A son contact, il élimine le mondain, trempe sa concentration et sa réflexion. Très vite il rattrape le temps perdu, et ses œuvres font entrevoir une vie intérieure calme, intime, un peu mélancolique. Il ne fait pas de peinture pittoresque et bavarde. Pas de scènes de groupe ou de genre, peu de portraits, mais des bouquets de fleurs, de simples natures mortes, quelques pommes, des objets familiers, dont il sait tirer, par ses violet foncés, ses bleux-nuit, ses tons sourds et profonds, un charme mystérieux et émouvant propre à son âme slave. Gauguin sent bien que Slewinski est sur la bonne voie, c'est à dire sur sa voie, et que sa peinture sage est la meilleure expression de lui-même. Aussi, malgré les théories sur les couleurs qu'il a développées à Sérusier, l'encourage-t-il à continuer dans sa gamme sombre, prouvant ainsi que le groupe n'est soumis à aucune doctrine contraignante.

Octobre 1890 : Meyer de Haan quitte Le Pouldu

Mais un élément nouveau vient troubler la vie de cette communauté. Marie Henry annonce à Jacob Meyer de Haan qu'elle est enceinte. Gauguin voit tomber à l'eau ses projets de départ vers Tahiti. Il comptait beaucoup sur le soutien de Meyer de Haan qui devait l'accompagner. Il est exaspéré. Inexplicablement, la famille de Meyer de Haan est alertée du projet d'alliance. Sa réponse ne se fait pas attendre : elle lui coupe les vivres. Immédiatement, il laisse toutes ses affaires, ses tableaux, sa palette, son énorme Bible hollandaise sur place et se précipite à Paris pour rencontrer un de ses oncles.

Gauguin demeure seul à l'auberge avec Filiger.

Le 7 novembre 1890 : Gauguin quitte, à son tour, la « Buvette de la Plage »

« J'ai besoin d'être à Paris pour me débrouiller et je ne puis démarrer d'ici faute d'un jour pour le voyage et je dois plus de trois cents francs à l'hôtel. Vous voyez si j'ai de quoi me morfondre sur place ».

Gauguin, *Lettre à Emile Bernard*, octobre 1890.

Il ne peut régler sa dette de trois cents francs à Marie, alors il la quitte en lui laissant en gage ses peintures, ses sculptures et ses sabots...

Marie sent son rêve virer au cauchemar.

Filiger reste seul aux Grands Sables.

En 1891, après quelques mois passés à Pont-Aven, Maufra vient loger chez Marie Henry. Il pensait retrouver Gauguin et ses compagnons, mais il ne trouve plus que leurs empreintes :

> *« Quelques études restaient accrochées au mur, un tonneau sculpté par lui gisait à terre ; sur une table de vieux tubes de couleur et quelques images d'Epinal. Tendue, une vieille toile d'emballage, tachetée de semblants de décoration, enlevait un peu de nudité au mur... Filiger restait seul, conservateur de l'auberge où Paul Gauguin conçut les premières œuvres qui furent siennes, prologue de celles qu'il devait faire à Tahiti où il allait. »*
>
> Maxime Maufra, *Propos de peintre.*

A son tour, il continue la décoration de la maison. Sur l'extérieur de la porte de la salle à manger, derrière le « Bonjour M. Gauguin », il peint une marine sur le panneau de bois et en face, sur la porte de la buvette, un coucher de soleil sur la mer.

A la fin du mois de Juin, Jan Verkade, très intéressé par l'auberge, rend visite à Filiger et Maufra :

> *« Lorsque je descendis devant l'auberge, une femme d'une trentaine d'années vint à ma rencontre ; elle était grande et forte, de tenue négligée. Ses cheveux noirs formaient comme un casque sur sa tête ; deux yeux noirs éclairaient un visage rude et énergique. Je me présentai comme un ami de Gauguin, de de Haan et de Sérusier ; cela parut lui faire plaisir, mais elle regretta de ne pas avoir une seule chambre de libre. Je lui dis que certainement il y avait bien une petite place dans la maison où je pourrais passer la nuit. Je n'avais pas besoin de grand chose. Sur quoi, elle disparut. Elle ne tarda pas à revenir et me pria d'entrer dans la salle à manger. Les peintres Drahtmann et Maufra se présentèrent à moi. A la mode bretonne, ils m'offrirent aussitôt un petit verre de liqueur qu'après*

l'expérience que je venais de faire, j'aurais volontiers refusé, puis je mangeai avec eux. Il fut convenu que, provisoirement, je dormirais dans la salle à manger, jusqu'au départ d'un Anglais, de sa tante et de sa nièce, départ qui ne tarda pas. Au bout de quelques jours, on me donna une jolie petite chambre et je me sentis tout à fait chez moi. La patronne n'avait pas une passion hollandaise pour la propreté, mais elle avait bon cœur et faisait une cuisine excellente. L'air frais ne manqua pas son effet, je respirai de nouveau et la vie de bohème recommença.»

Jan Verkade, *Le Tourment de Dieu.*

Marie, « la tenue négligée », « grande et forte », « le visage rude ». Marie, « le regard noir », dont la maison est pleine et qui ne tient plus très bien son ménage... a mis au monde, il y a quelques semaines, le 9 juin 1891, dans une maternité de Lorient, sa seconde fille Ida. Elle n'a aucune nouvelle de Meyer de Haan. La veille, le 8 juin, Gauguin avait débarqué à Tahiti. La petite Ida est en nourrice à Lorient... Marie se fiche de la propreté.

Jan Verkade, est venu de Zaandam (Hollande), à Paris à 23 ans. C'est Jacob Meyer de Haan qui l'a présenté à Gauguin et à Sérusier. Sérusier lui fit lire « Les grands initiés » de Schuré, « Séraphita » de Balzac et La Bible, ce qui éveilla ses dispositions religieuses. Il l'introduisit également dans le cercle des Nabis. Appelé «le nabi obéliscal», il est le mystique du groupe. En Bretagne, quand il voit les calvaires moussus en granit , les processions des pardons où l'on brandit avec ferveur les bannières et l'encens, il est touché par la foi.

Au mois d'octobre 1891, le vent étant devenu désagréable au Pouldu,Verkade quitte la maison.

Filiger reste à nouveau seul chez Marie Henry. Il continue à travailler, envoie des dessins pour des commandes de la faïencerie Henriot de Quimper. A Paris, à la Galerie Durand-Ruel, plus de 22 600 personnes assistent au vernissage du salon de la Rose†Croix, organisé par le Sâr Péladan en mars 1892. Filiger participe à cette exposition.

Dans la salle à manger de la buvette, au cours de l'hiver, il peint, sur le plâtre,« l'ange à la guirlande » qui est l'agrandissement d'un dessin gouaché qu'il a fait en tête d'une lettre adressée au Comte Antoine de La Rochefoucauld. Il le date du 8 décembre 1892

Dans la cage de l'escalier, il peint sur le mur une rose†croix.

A la suite du salon de la Rose†Croix de 1892, le Comte de La Rochefoucauld rompt avec le Sâr Péladan et fonde, avec Jules Bois[19], une nouvelle revue occulte titrée « Le Cœur »[20]. Ce journal, luxueusement

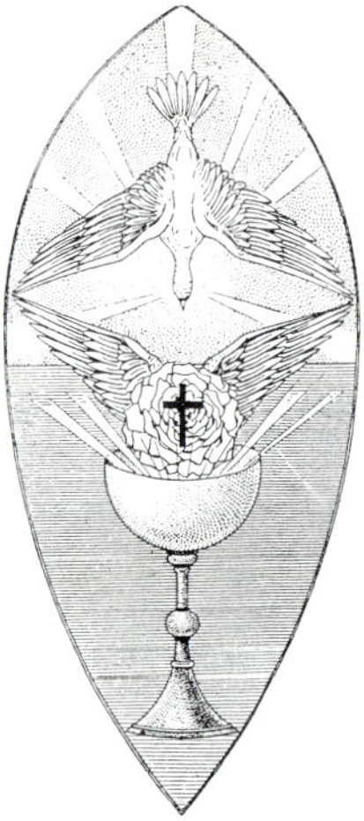

Sceau du Graal. Deuxième salon de la Rose-Croix.

L'Ange à la guirlande. Charles Filiger (1863-1928). 1892 (ancienne collection Marie Henry. Coll. particulière) (Carton de l'exposition Charles Filiger 1990).

19 Le 13 avril 1893, au Pré Catelan, Jules Bois et Papus (Dr Gérard Encausse) se bâtirent en duel à l'épée, à la suite d'un article écrit par J.Bois prenant à partie le Sâr Péladan, Papus et Stanislas de Guaita. *in ABC illustré d'occultisme*. Papus. Edition Dangles ; 1979.

20 A cette époque, de nombreuses revues occultes sont diffusées qui abordent des thèmes mystérieux, ou théosophiques,

illustré, traite de l'art mais aussi du bouddhisme et de la kabbale.

Filiger a été choisi pour collaborer aux illustrations, Antoine de La Rochefoucauld lui verse une pension de 1200 francs et Jules Bois lui passe commande. En mars 1893, Filiger adresse une lettre à Jules Bois pour « Le Cœur » :

> *« ...Je suis à l'œuvre pour essayer de satisfaire à votre désir mais réussirai-je? Vous me direz cela dans la suite. Je dois vous confesser que je ne comprends absolument rien à votre histoire égyptienne, mon ignorance est fort grande là-dessus. Je n'aime que le Christianisme et j'essaie donc de vous faire une tête de Christ avec un cœur rayonnant sur un autel, les croix du Calvaire sur les côtés en place d'Isis un serpent contourne le tout et le titre «Le Cœur» en grandes lettres ; des petites roses d'une extrême simplicité de chaque côté des croix. »*
>
> Filiger, *lettre à Jules Bois,* Le Pouldu, mars 1893.

Le cœur. Charles Filiger.

Au cours de cette année, il fait la connaissance du peintre Roderic O'Conor. Fils fortuné d'une grande famille irlandaise, ce peintre à la forte personnalité, admire l'art de Van Gogh et l'on retrouve son influence dans ses œuvres expressives et vigoureuses.

---

comme « Le Mercure de France », « Le Voile d'Isis » du Dr Gérard Encausse dit Papus, « Le Lotus Bleu » de Mme H.P. Blavatsky.

Depuis deux ans déjà, Jacob Meyer de Haan a abandonné la peinture, il est définitivement retourné en Hollande.

Tout sera-t-il toujours à recommencer?

Sans nouvelles de Meyer de Haan, Marie reste blessée par son abandon, pourtant elle élève Ida dans le culte de son père. Désormais, au village, la froideur a fait place à l'hostilité. Sur les pierres, au lavoir, les coups de battoir pleuvent, « pensez-donc, cette femme seule avec tous ces hommes bizarres qui ne travaillent pas ! » Dans la buvette certains gaillards, échauffés par quelques verres, on parfois le regard cru et le sourire indiscret. Une nouvelle fois, elle tourne une page de son histoire.

En novembre 1893, elle loue la « Buvette de la Plage » à Mlle Rose Trivière et quitte Le Pouldu pour habiter à Pors-Moëlan, en Moëlan-sur-Mer. Avec Léa et Ida, elle se rend dans la petite maison louée par son ami Henri Mothéré, à côté de la forge du charron. Mothéré est un homme érudit, dont le frère est professeur agrégé au lycée Louis-le-Grand, et la sœur jumelle est abbesse. Possédant très bien la langue anglaise, il fait de nombreuses traductions. En attendant la construction d'une maison au-dessus de la plage de Kerfany, il habite cette maison de deux pièces. C'est un ami intime du peintre Bonnard. Venu en vacances au Pouldu, homme à l'esprit cultivé et ouvert, il ne pouvait manquer de s'intéresser à la « Buvette de la Plage » et à ses célèbres occupants. Il acheta plusieurs œuvres à Filiger et fit la connaissance de Marie.

En quittant sa «maison», Marie emporte toutes les peintures, pastels, aquarelles, gouaches, dessins, sculptures et céramiques qui l'illuminent, ne laissant que ce qu'elle ne peut détacher. Ce sont les œuvres, crées de 1889 à 1893, par Paul Gauguin, Jacob Meyer de Haan, Charles Filiger, Paul Sérusier, Charles Laval, Maxime Maufra, Emile Bernard, Roderic O'Conor, Emile Jourdan, Henry Moret, Wladyslaw Slewinski, Ernest de Chamaillard, Armand Séguin, Paul-Emile Colin et Jean Verkade, qui séjournèrent à la « Buvette de la Plage ».

Filiger déménage alors, mais reste au Pouldu.

Il s'installe au hameau de Kersulé, en 1894 où il demeurera jusqu'en 1897. Obscurément, il mène une lutte contre la difficulté qu'il éprouve à vivre le déséquilibre profond entre ses aspirations spirituelles et le monde tel qu'il lui apparaît.

Ses Christs ont perdu toute pesanteur, ils se soulèvent au-dessus du sol, dressés dans une verticalité pure, ils renoncent aux choses terrestres. Filiger recherche la montée, il tente d'ouvrir les portes d'un monde paisible et pur qu'il ne peut atteindre. Sa nature d'homme le ramène douloureusement aux fondements affectifs de son être, à ses émotions et à ses faiblesses physiques. La perception de ce double incompatible l'absorbe dans la dépression et le conduit souvent à trouver le réconfort dans l'ivresse.

Il se retrouve très endetté, et, à la mort de son père, sa famille le place sous tutelle.

La famille Pobla, de Kerjord, du côté de Doëlan, famille de marins, invite souvent Filiger à dîner. Le peintre réalise de nombreuses œuvres à partir de l'étude de cette famille, dont les séries des « Familles de pêcheurs » et « La Sainte Famille », gouache rehaussée d'or. Le jeune fils, Joseph, âgé de treize ans, a les traits purs et la silhouette d'un jeune éphèbe ; Filiger le prend souvent comme modèle. C'est ainsi qu'un jour il le fait poser nu sur la plage. Le recteur de Clohars, M.Labasque, souffrant d'un eczéma, sur les conseils du médecin, vient baigner ses plaies dans l'eau de mer et tombe ulcéré devant cette scène. Au pays, Filiger s'éternisant assidûment dans les estaminets, avait déjà l'image d'un suppôt de bacchus, désormais il est en plus un satyre immoral.

« la dernière fois, je croyais bien rendre ma peau à la terre mais, malgré le mal, j'avais une joie plus vive qu'à l'ordinaire à l'idée que je demeurerais en cette vieille terre du Pouldu que j'aime plus que le ciel ».

Charles Filiger. *Lettre à Jules Bois,* Le Pouldu, fin 1894.

Ses œuvres enthousiasment Alfred Jarry qui lui demande d'illustrer son premier numéro de l'Ymagier[21] et vante à son entourage ses gouaches intemporelles.

« Le trouble ou la passion que je ressens devant mon travail m'engourdit souventes fois l'esprit et les membres, au point de me laisser dans le désœuvrement pendant plusieurs jours ; mes mains ont comme peur de toucher au Rêve, et pourtant il nous faut bien descendre par charité pour nos semblables, jusqu'à la peine d'atteindre la réalité de Rêve. »

Filiger, *lettre à Rémy de Gourmont,*
publiée par Alfred Jarry en 1894.

Après avoir vécu un an dans la maison de Pors-Moëlan, en 1894, Marie Henry, ses filles et Mothéré, aménagent dans la nouvelle maison « Biribi »[22], construite à « La Pointe du Clerch » à Kerfany. Ils y vivent à l'écart et Marie la décore des œuvres qu'elle a apportées des Grands Sables.

Mais l'orage approche. Gauguin est de retour. Avec sa nouvelle maîtresse, Annah la javanaise, agée de trei-

[21] L'Ymagier est une revue trimestrielle, fondée par Alfred Jarry et Remy de Gourmont en 1894, qui est principalement consacrée aux estampes et aux Images d'Epinal. Une grande place est donnée aux gravures sur bois de Dürer jusqu'aux artistes contemporains comme Gauguin, Bernard ou Séguin. Cette revue, inaugurée par la petite vierge de Filiger « Ora pro nobis », durera deux ans.

[22] « Biribi » est le surnom donné à « Clerc'h Burtul », l'ancien nom de Kerfany. Ce nom est venu d'un nommé Thirion qui a embarqué au passage du belon, avec un petit cheval traînant une

ze ans, fréquentant Montmartre et qui possède un singe appelé Taoa, il revient au Pouldu.

> *« A le voir, avec sa haute taille, sa carrure imposante, son air dominateur, coiffé d'un bonnet de fourrure, une pelisse jetée sur les épaules, suivi d'une petite métisse javanaise revêtue d'oripeaux éclatants, on aurait pris Gauguin pour quelque prince oriental. Voici l'histoire de cette fille de couleur, venue tout droit des Iles.*
>
> *Une artiste de l'Opéra, Mme Nina Pack, connaissait un riche banquier en relations d'affaire avec des commerçants des Iles. Il arriva à la cantatrice de dire devant l'un d'eux « J'aimerais bien avoir une petite négresse. » Quelques mois plus tard, un agent de police amena chez Mme Nina Pack une jeune métisse, mi-Indienne, mi-Malaise, et qui avait été trouvée errante dans la rue. Elle portait au cou une pancarte avec cette inscription : Mme Nina Pack, rue de La Rochefoucauld, à Paris. Envoi de Java. On donna à l'enfant le nom d'Anna. A quelque temps de là, à la suite d'un incident domestique, elle fut renvoyée. Elle vint alors me demander, m'ayant connu chez sa patronne, de lui trouver une autre place. Je jugeais que ses qualités de camériste étant fort médiocres, elle avait plus de chance de réussir comme modèle. J'en parlai à Gauguin :*
>
> *— Envoyez-la-moi. Je vais l'essayer, me dit-il.*
>
> *Anna plut au peintre. Il la garda. »*
>
> Ambroise Vollard. *Souvenirs d'un marchand de tableaux.*

Le couple se rend aux Grands Sables. Mais Marie n'est plus là, et à la « Buvette de la Plage », Mademoiselle Rose refuse de loger ces originaux accompagnés du singe et d'un perroquet. Ils vont alors s'installer en bas-Pouldu, dans la villa Saint-Joseph, louée par le peintre

---

voiture ; Le passeur Pierre Bourhis s'est écrié « Quel biribi ! ». Le nom a été donné au propriétaire, à la maison qu'il avait construit à l'emplacement de la colonie de vacances, puis à toute la pointe. La maison de Marie Henry et d'Henri Mothéré était plus à gauche sur la pointe. (Communication Pierre Le Thoër).

polonais Slewinski et sa femme, à côté du manoir du Kerdro. Ils scandalisent les habitants du pays par leurs excentricités et leur accoutrement. Gauguin arbore un gilet et un bonnet d'astrakan, une grande houppelande bleu foncé. Canne à la main, parfois il marche comme le prince inca qu'il rêvait d'être. Provocation ou caricature lucide de lui-même, il s'obstine dans sa dérive. Depuis son retour de Tahiti, il fréquente les milieux littéraires et journalistiques parisiens. Il a renoué avec le cercle symboliste et Stéphane Mallarmé, travaille avec bonheur de puissantes gravures sur bois et organise des expositions de ses œuvres exotiques qui demeurent malgré tout incomprises.

Moret, Filiger, O'Conor et Séguin se réunissent souvent chez Slewinski. Le timide et doux Armand Séguin qui s'est rallié au groupe des Nabis, a été un autre visiteur enthousiaste de l'exposition du Café Volpini. Il rêve de consacrer sa vie à la peinture alors que, très démuni, pour la gagner il est obligé de se livrer à la gravure, principalement pour des commandes d'illustrations de livres. Il éprouve une véritable admiration pour Gauguin qui pourtant le terrorise quand il pose mal ses couleurs, mais le soutient aussi presque paternellement par ses conseils.

Quittant le Bas-Pouldu, Gauguin et Annah partent à Pont-Aven et descendent à l'hôtel des Ajoncs d'Or, au mois de mai 1894, où ils rencontrent le peintre irlandais Roderic O'Conor. Avec Séguin, c'est un compagnon que Gauguin voudrait bien emmener pour son prochain voyage dans les Iles, « pour toujours ».

Il décide de faire une sortie à Concarneau, d'aller s'y amuser le regard au milieu des sardiniers et des chalutiers, des cordages et des treuils sur le quai. Au-dessus des eaux du port, retrouver l'air du large parmi les caisses et les ponts qu'on lave. Il aimerait que Filiger vienne avec eux, alors il se rend à Kersulé pour inviter son ami à cette partie, mais il trouve un Filiger taciturne, mal en train, qui, de plus en plus farouche, refuse de quitter son repaire.

C'est donc en compagnie de Séguin, O'Conor, Jourdan et leurs amies que Gauguin arrive, avec Annah et son singe, à Concarneau ce 25 mai. Cet équipage coloré et exotique provoque rapidement un attroupement de gamins qui les suit sur les quais et lancent des pierres sur Annah. Armand Séguin, outré, gifle un gamin effronté. Le père, Yves-Marie Sauban, un pilote concarnois, agresse à son tour Séguin. Gauguin intervient et assomme de deux coups de poings le pilote. C'est alors que l'équipage du bateau et quinze hommes tombe sur le petit groupe. Le pied de Gauguin bute dans un trou et en tombant il se casse le tibia droit, à la hauteur de la cheville, l'os perfore la peau. A terre, les coups de sabots continuent à s'abattre. Dans le pugilat, les femmes, grâce à leur corset, sont un peu protégées, mais l'amie de Séguin a des côtes froissées et Séguin évite d'être massacré par les amis du pilote en se précipitant tout habillé dans le bassin qu'il traverse à la nage. Gauguin est transporté à Pont-Aven.

Sa douleur est lancinante, résistante, obstinée. Il ne peut se lever que deux heures par jour et s'abrutit de morphine et d'alcool pour dormir, à peine, quatre heures par nuit. Il est incapable de travailler et doit malgré tout faire face aux frais qu'entraîne son infirmité. Il est à nouveau ruiné.

« Vous savez, si ma vie a été jusqu'ici remplie de luttes, de souffrances extrêmes, auxquelles beaucoup n'auraient pas résisté. Croyez-le bien, le but atteint pour moi, si élevé qu'il paraisse être par résultante de mes forces et de mes dispositions au talent, ce but-là est bien au-dessous de celui que j'ai rêvé et j'en souffre sans mot dire. je n'ai pas eu assez de temps et d'édu-

cation picturale : de là provient certain empêchement à réaliser mon rêve. »

Gauguin à Schuffenecker, Pont-Aven, juillet 1894.

La convalescence venue, il fait de fréquents séjours au Pouldu où il retrouve ses amis, Filiger et Roderic O'Conor, qui est devenu le mécène du groupe, tous deux initiés à l'eau-forte[23] par Séguin. Ils travaillent cette technique avec Gauguin, à la Villa Saint-Julien, dépendance de l'Hôtel Portier au Bas-Pouldu. Le temps est doux, les figues et les amandes mûrissent et le bleu des hortensias s'épanouit. Avec l'ami Moret, ils se rassemblent autour de la table de Slewinski.

L'arrivée du bac au Pouldu.

Gauguin pense au travail qu'il a réalisé au cours des années passées avec ses compagnons et il se retourne vers Marie Henry pour qu'elle lui restitue ses œuvres.

[23] Gravure en taille douce, l'eau-forte est un procédé de gravure en creux sur métal par l'emploi de l'acide. La planche étant recouverte d'un vernis protecteur, l'artiste grave dans le vernis et met le cuivre à nu suivant son dessin. La planche est ensuite plongée dans un bain d'acide qui attaque les parties dénudées.

Marie est indignée de cette prétention incroyable. Pour elle, il ne fait aucun doute que Gauguin est l'organisateur du départ de Meyer de Haan. Elle n'a pas oublié sa lettre narquoise, après le départ de de Haan, lui rappelant la manière dont elle avait résisté à ses tentatives de conquête. Elle est persuadée qu'il est l'instigateur de son abandon. A la « Buvette de la Plage », elle l'a vu, dévoré d'orgueil, persuadé qu'il risquait de perdre la force de son expression dans le quotidien de l'homme civilisé, renversant toute résistance, quitte à sacrifier son propre bonheur et son bonheur familial.

Maintenant ils sont ennemis. Elle ne rendra rien. Elle prépare sa défense. Elle charge Maître Ernest Ruban, avoué à Quimperlé, de la représenter dans toutes les affaires qui pourraient l'opposer « au sieur Gauguin ». Gauguin l'assigne devant la Justice de Paix de Pont-Aven.

A quelque temps de là, il doit faire face à une autre épreuve : le 23 août 1894, pour assister au procès de son agresseur, il parcourt une trentaine de kilomètres. Il espère bien se faire rembourser ses frais et se faire dédommager. Le tribunal correctionnel de Quimper condamne le pêcheur belliqueux à 600 francs de dommages et intérêts et huit jours de prison. Gauguin fait ses comptes : il a une note de 475 francs chez le médecin, 100 francs d'honoraires d'avocat et la note d'hôtel à payer ; c'est la faillite.

A la fin de l'été, Annah fausse compagnie à Gauguin démuni, quitte la Bretagne et pille son atelier à Paris.

Gauguin porte alors ses espoirs sur l'issue de l'action qu'il a intentée contre Marie Henry. Mais, à sa grande déception, le 28 août, le juge de paix se déclare incompétent. Il n'abandonne pas et charge Maître de Chamaillard de poursuivre l'action devant le Tribunal de Quimperlé.

Une seconde audience publique a donc lieu, le 14 novembre 1894, au Tribunal civil de Quimperlé, au cours de laquelle Gauguin est défendu par Maître de Chamaillard, assisté de Maître Pedoye. Le conseil de Marie Henry, Maître Ruban, plaide « qu'en fait de meubles possession vaut titre ». Le tribunal statue et déboute Gauguin de « toutes ses fins et conclusions et le condamne aux dépens ».

Ecœuré par tant de déconvenues, lui qui cherche l'enfance de l'humanité, n'a plus qu'une obsession : fuir cette civilisation qui le meurtrit et dans laquelle ses rêves n'ont plus leur place. Il quitte définitivement la Bretagne.

En Hollande, quelques mois plus tard, un autre drame se joue. Jacob Meyer de Haan est un homme brisé, il ne semble pas avoir été prévenu de la naissance d'Ida, qui a maintenant quatre ans. Malade, ayant perdu ses rêves de peintre, il meurt de tuberculose à Ams-terdam le 24 octobre 1895. Il laisse tous ses biens du Pouldu et ses tableaux, à Marie Henry.

La villa de Slewinski au bas-Pouldu. (Coll. particulière).

Le granit immuable et implacable du Pouldu voit

L'atelier de Slewinski au bas-Pouldu.
(Coll. particulière).

passer les saisons et les peintres. En 1898, Roderic O'Conor rencontre sur son chemin un jeune peintre de 22 ans, originaire de Quimperlé, qui se nomme Adolphe Beaufrère. Ce jeune homme est le protégé de Gustave Moreau qui l'a fait rentrer dans son atelier parisien et lui conseille d'étudier les gravures de Rembrandt et de Dürer.

En 1900, Slewinski acquiert la propriété du « Kerdro » au Bas-Pouldu et Filiger déménage au hameau de Lanmar'ch, près de la chapelle de Saint-Maudet, chez la famille Le Thoër, au premier étage. Il peint les lieux et dans son tableau « La chapelle de Saint-Maudet » il représente le patron de la chapelle s'élevant dans les nuages au-dessus de la procession des fidèles. Mais il s'abrutit d'alcool et de Véronal, parfois d'éther, et son comportement, en opposition avec ses convictions religieuses, provoque la réprobation générale.

> *« En possession de billets de banque, pour épater le bourgeois, il s'en servait pour allumer sa pipe, ou pour frêter une cariole et se faire conduire chez un de ses « modèles très accueillant » M. K... à Ker-en-Diavul*[24]*, près de Doëlan. Il stationnait dans les estaminets, et rentrait alors, très ému, chez ses bons voisins du village de Saint-Maudet, leur rapportait en tremblant,*

[24] Le village n'existe pas, il s'agit d'un surnom ; le « v » égalant « o » en breton, le nom se prononce « *ker-en-Diaoul* », le village du « Diable ». (Communication Pierre Le Thoër).

qu'il venait d'être violenté, poursuivi à travers la campagne, par des ennemis. ses hôtes, après l'avoir réconforté, partageaient leur repas avec lui, l'accompagnait jusqu'à son logement, le mettaient au lit »

Docteur Léon Palaux.

En novembre 1903, après un voyage dans sa famille à Bâle, Filiger descend à l'Hôtel Portier, au port, où il prend pension pour cent francs par mois. Quelques mois après, en avril 1904, il quitte l'Hôtel Portier, devenu trop cher pour lui, et se rend au hameau de Kersellec, où il demeurera jusqu'en juin 1905, date à laquelle il quittera le Pouldu.

« ...tu es bien jeune Anna, mais déjà tu peux te faire une idée, de ce que l'art a de consolant et de bienfaisant quant on le pratique à l'égal d'une religion, et de la plus belle des religions, celle de l'âme !... »

Filiger, *Lettre à Anna*, Kersellec-Pouldu . décembre 1904.

Pendant neuf ans et sept mois il aura sillonné les chemins du Pouldu et battu sa campagne en tous sens. Sa grande misère, son alcoolisme incorrigible et ses tendances psycho-neurasthéniques, dégénérèrent, vers la fin de sa vie en manie de la persécution caractérisée. Il vécut une existence de vagabond et fut longtemps recueilli par un aubergiste de Trégunc. Il passa ses dernières années dans une solitude totale, proprement cloîtré dans une petite maison de Plougastel redoutant l'éventuelle visite d'un « marchand spéculateur ».

A l'autre bout du monde, Gauguin avait cru trouver sa terre promise, le paradis où il aurait produit ses plus beaux fruits. Les pommiers du Pouldu, il les a remplacés par les palmiers des Iles Marquises, mais sa quête est toujours inassouvie, et si ses œuvres sont débordantes de couleur, de poésie, elles expriment d'avantage ses inquiétudes, ses tourments, ses questions déchirantes. Les fantômes de son passé l'ont suivi, et peu avant sa mort, il est encore hanté par le souvenir de Meyer de Haan qui l'obsède. Dans son tableau « Contes Barbares » apparaît le portrait énigmatique et démoniaque de son compagnon, exactement identique à celui peint dans la salle à manger de « La Buvette de la Plage ». Dans la solitude, et la souffrance, mais invaincu, le 8 mai 1903, à Atuona, aux Iles Marquises, Gauguin change d'horizon pour rejoindre ses rêves.

> *« Les pirogues s'en vont les pirogues s'en viennent*
> *Et mes souvenirs deviennent ce que les vieux en font*
> *Veux-tu que je te dise gémir n'est pas de mise*
> *Aux Marquises. »*
>
> Jacques Brel. *Les Marquises.*

Apprenant sa mort, Marie Henry n'éprouve aucune tristesse, sa rancune est trop forte. Maintenant, avec Henry Mothéré, sa vie est calme. Elle s'occupe tranquillement de son potager tandis que Mothéré travaille à ses traductions. Quand il faisait ses études, au lycée Louis-le-Grand, à Paris, il a fait la connaissance de Pierre Bonnard[25]. Ensuite, il est devenu correspondant artistique du Figaro. Chez eux, ils reçoivent de nombreuses visites d'artistes et d'hommes lettrés, de scientifiques comme Paul Poiret, Marie Curie, qui viennent voir la collection de Marie Henry. Ainsi le jeune peintre polonais Waclaw Zaboklicky, en 1909, se rend à Kerfany pour connaître le travail de Gauguin et de ses amis. Il s'attarde un peu chez le couple et y travaille, il réalise notamment un tableau-portrait de la maisonnée. En pension à Quimperlé, les filles de Marie

[25] Né le 3 octobre 1867, à Fontenay-aux-Roses, Pierre Bonnard a été influencé par Gauguin, les nabis, les impressionnistes, mais en marge de toutes les écoles, il a tracé son chemin personnel pour devenir un des plus grands coloristes du siècle. Il

Les deux filles de Marie Henry. Léa et Ida (fille de Meyer de Haan). (Coll. particulière).

ont reçu une solide instruction. Mothéré leur a assuré une éducation bourgeoise, et elles seront toutes deux institutrices. Léa épousera, le 8 janvier 1919, un marin, M. Louis Ollichon, et Ida, la fille de Meyer de Haan, épousera un instituteur de Rosporden, M. Louis Cochennec.

Après Filiger, Adolphe Beaufrère s'installe à Kersulé en 1909.

Le 15 septembre 1911, Marie Henry vend la « Buvette de la Plage » à Mme Louise Rose David, veuve

---

s'enthousiasma pour Gauguin, à l'exposition Volpini, et découvrit l'art japonnais en 1890, dont il s'inspira pour ses compositions stylisées. En 1891, il a exposé au Salon des Indépendants, aux côtés des nabis (Paul Sérusier, Maurice Denis, Edouard Vuillard, Ker-Xavier Roussel). Fénéon l'a surnommé le « nabi très japonnard ». Le 2 août 1920 le « Prométhée mal enchaîné » d'André Gide parut avec trente illustrations de Bonnard aux Editions de la Nouvelle Revue Française. Il décéda au Cannet le 23 janvier 1947.

de Joseph Félix Le Roch. Le paragraphe n° 2 des charges et conditions de l'acte de vente établi par Maître Gaston Etchécopar, notaire à Quimperlé, stipule que « la venderesse se réserve le droit d'enlever deux panneaux peints se trouvant dans la salle de café, à charge par elle de les remplacer par deux autres panneaux, en concordance avec ceux existant déjà dans la dite salle... ». La vente est consentie moyennant le prix principal de huit mille sept cent cinquante francs que «Mme Le Roch a payé ce jour, en espèces métalliques ayant cours, hors la vue du notaire soussigné».

Slewinski et sa femme, qui viennent d'acheter une maison à Doëlan, rendent visite à Marie à Kerfany pour voir les tableaux de Gauguin, ils peuvent en voir une vingtaine.

En 1918, la « Buvette de la Plage » est achetée par Joseph de Cadenet.

Du 10 au 30 octobre 1919, Marie Henry organise une « exposition-vente » d'œuvres inconnues de Paul Gauguin » à la Galerie Barbazanges, à Paris.

En 1920 : La « Buvette de la Plage » est achetée par Madame Veuve Cochennec.

La Buvette de la Plage en 1924. Mme Cochennec propriétaire. (Coll. Pierre Le Thoër).

La découverte de Mme Cochennec, en juillet 1924

Les années ont passé, les propriétaires se sont succédés, changeant chacun à leur tour peinture et tapisserie. En juillet 1924, Madame Cochennec décide de donner un coup de frais à la buvette. Elle fait appel à Henri Tromeur, peintre en bâtiment à Clohars Carnoët.

L'artisan est occupé à décaper les murs de la salle à manger de la « Buvette de la Plage », quand il découvre, sous plusieurs couches de papier peint, posées par les propriétaires successifs, un ensemble de peintures sur plâtre recouvrant tout le mur ouest. Les œuvres de Gauguin, Meyer de Haan, Sérusier, Filiger, réapparaissent.

Découverte du mur ouest de la salle à manger de la Maison Marie-Henry.
Juin 1924. La Buvette de la Plage. (Photo Maurice Gourrier). (Coll. Louis Gourier).

Ces peintures sont identifiées par des peintres américains de passage au Pouldu, Abraham Rattner et

Isadore Lévy[26]. « il ne faut rien détruire et prévenir les musées Parisiens ! » conseille Isadore Lévy. Les spécialistes contactés demandent qu'on leur adresse des photographies des peintures, mais, faute de produire les documents, l'affaire en reste là. Pourtant les journalistes sont prévenus ; Maurice Gourrier photographie la buvette et ses murs mis à nu. Isadore Lévy a prévenu son frère aux Etats-Unis, il fait photographier les fresques, et acquiert l'Oie, pour la sauver d'une destruction certaine. Minutieusement le mur est découpé, les caisses contenant les fresques quittent le Pouldu pour franchir l'Atlantique.

En 1925, Marie Henry, après avoir partagé sa Collection entre ses deux filles, va habiter, avec Mothéré, à Toulon auprès de Léa, sa fille aînée.

Puis, le temps obscur de la guerre arrive. 1945, les bombardements sur Toulon, sa maison est soufflée. Marie, grièvement blessée à la tête, est évacuée dans une maison de retraite tenue par des Sœurs. C'est la pagaille, les routes sont coupées.

Elle meurt seule le 2 janvier 1945, à Pierrefeu-du-Var, des suites de ses blessures.

Le 16 mars 1959 a lieu la première vente d'une partie de la Collection Marie Henry, à l'Hôtel Drouot, à Paris.

[26] Isadore Lévy est né en 1899, en Pennsylvanie, aux USA. Jeune peintre, il découvre la France en 1920. Avec son épouse, Marie-Joseph Renié, il retourne aux USA en 1934. Ils sont de retour en France, avec leur fille Colette, en 1950.

Pour le centenaire de l'arrivée de Gauguin et de ses amis peintres au Pouldu, en 1989, M. et Mme Lévy ont accepté de prêter « l'Oie » de Gauguin, qui a pu ainsi retrouver le cadre de sa naissance, dans La Maison MARIE Henry reconstitution de « La Buvette de la Plage »

Marie Henry et Henri Mothéré à Toulon en juillet 1929.
(Coll. particulière).

Le 24 juin 1959, a lieu la seconde vente, à l'Hôtel Drouot, à Paris, de la Collection Marie Henry.

La Collection Marie Henry

L'inventaire de la Collection Marie Henry, établi par Jean-Marie Cusinberche, a été publié en 1986 dans « Pont-Aven et ses Peintres », volume collectif réalisé, sous la direction de Denise Delouche, par les Presses Universitaires de Rennes 2 et l'Institut Culturel de Bretagne.

Il comprend les œuvres qui se trouvaient dans la « Buvette de la Plage » entre octobre 1889 et novembre 1893 et celles que Marie Henry continua de collectionner après son départ du Pouldu.

Malheureusement, de nombreuses œuvres ont disparu, lors du bombardement de la maison où demeu-

Marie Henry à Toulon. (Coll. particulière).

rait Marie Henry, à Toulon, qui n'ont pu être inventoriées.

L'ensemble le plus important en qualité, nombre et variété de techniques est, sans nul doute, l'œuvre de Paul Gauguin : 25 huiles sur toile ; 2 peintures sur plâtre ; 17 dessins et aquarelles ; 2 céramiques et 3 sculptures.

Meyer de Haan - en con-fiant à Marie Henry ses affaires - abandonne 21 peintures, 1 peinture sur plâtre et ses objets personnels : palette, sabots, ainsi que sa Bible ;

de Filiger : 14 aquarelles et gouaches ; 1 huile sur zinc ; 1 huile sur plâtre ; 1 céramique ;

de Maufra : 2 peintures à l'huile ;

d'Emile Bernard : 2 huiles sur toiles ; 1 huile sur bois ; 6 gravures « les Bretonneries »; 1 gravure « les Ninfes » dédicacée à Gauguin ;

de Verkade : 1 huile sur toile ;

de Bonnard : 3 œuvres gravées ; 1 livre de solfège dont il avait réalisé les illustrations.

Vincent Van Gogh envoya, soit à son compatriote Meyer de Haan, soit à son ami Gauguin, l'unique gravure qu'il ait réalisée : le Portrait du Docteur Gachet.

La Collection Marie Henry, qui comprend 130 œuvres environ, est aujourd'hui dispersée dans les plus grands musées du monde et dans plusieurs collections particulières.

La reconstitution de la Maison MARIE-Henry

Le 7 avril 1989, la Municipalité de Clohars-Carnoët, Marcel Raoul étant maire, Gérald Bourlon, maire-adjoint chargé du tourisme et de la culture, décide de faire renaître la Maison MARIE-Henry.

La « Buvette de la Plage » ayant été totalement transformée par les différents propriétaires - elle occupait la partie gauche de l'actuel « Café de la Plage » tenu par Madame Robet - sa reconstitution a été réalisée, dans une maison ancienne, construite sur le même plan, achetée par la Commune de Clohars-Carnoët pour cette opération à Maître Denoël, et située à dix mètres de la Maison MARIE-Henry d'origine.

Jean-Pierre Brunerie, architecte D.P.L.G., collaborant avec Jean-Marie Cusinberche, documentaliste, réalisa les travaux de transformation de cette maison ainsi que l'aménagement d'une maison annexe, située entre le « Café de la Plage » et la Maison MARIE-Henry reconstituée. D'après l'étude d'esquisses de plans, de photos, de descriptions recueillies dans des correspondances, il recréa les plans de la Maison MARIE-Henry. Les cotes ont été calculées en fonction des dimensions des tableaux reproduits sur les photos et des relevés effectués dans la maison initiale.

La célèbre « Buvette de la Plage » est reconstituée à l'identique et ouvre ses portes le 7 juillet 1889.

Cent ans après son arrivée, Gauguin pourrait y retrouver ses amis peintres, au zinc, avec les goémoniers, et reprendre à nouveau la tête de ceux qui

> *« brisèrent les vitres au risque de se couper les doigts »*
>
> Paul Gauguin .

Maison MARIE-Henry

La reconstitution montre la Maison MARIE-Henry telle que Gauguin et ses amis peintres l'habitèrent :

Au rez-de-chaussée : la cuisine, la buvette et la célèbre salle à manger.

A l'étage : les chambres de Gauguin, de Sérusier et celle que Marie Henry partagea avec Meyer de Haan.

L'appentis que Marie Henry fit transformer en atelier où séjourna Charles Filiger est actuellement occupé par la billetterie, la librairie et la documentation.

Toutes les pièces de la « Buvette de la Plage » sont meublées d'un mobilier d'époque et des documents originaux sont exposés contribuant à l'évocation artistique de ce « Lieu de Mémoire ». Les œuvres originales sont reproduites fidèlement par des artistes peintres sur les murs de l'auberge, à la place où elles se trouvaient autrefois.

CLOHARS-CARNOËT

Mieux ! et c'est aussi la vocation de la Maison MARIE-Henry, les œuvres authentiques viennent, parfois, reprendre leur place :

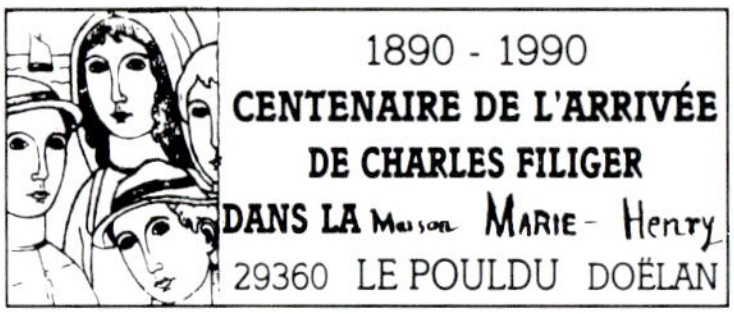

Ainsi, cent ans après sa création, la fresque, l'Oie peinte par Gauguin, est revenue sur son lieu d'origine pour saluer le centenaire de la venue de Gauguin et de ses condisciples au Pouldu ! L'année suivante, ce fut « L'ange à la guirlande » de Charles Filiger qui reprit sa place.

La visite guidée de la Maison MARIE-Henry

La salle à manger de la Maison MARIE-Henry

« Eh quoi! nous n'avons, en notre siècle agonisant, qu'un grand décorateur, ..., et notre imbécile société de banquiers et de polytechniciens refuse de donner à ce rare artiste le moindre palais, la plus infi-

La salle à manger de la Buvette.

me masure nationale où accrocher les somptueux manteaux de ses rêves! »

Albert AURIER - 1892- *Revue Encyclopédique.*

C'est chez Marie Henry, que Gauguin a accroché ses rêves.

Il aimait l'aspect mate des fresques, (les critiques Italiens l'appellent le « Frescante »), alors, en quelques mois, avec ses disciples, il s'est employé à décorer du sol au plafond la salle à manger de l'auberge, faisant de ce lieu rustique l'un des plus extraordinaires ensemble décoratif de l'époque. Nulle surface ne fut épargnée, les vitres de l'auberge devinrent des verrières colorées et des maximes naïves encadrèrent de beaux dessins.

Les œuvres étaient ainsi disposées :

Sur le mur du fond, opposé à l'entrée (mur est) :

A droite :

Gauguin : VUE DE PONT-AVEN (Collection particulière);

Gauguin : NATURE MORTE AU COMPOTIER BLEU. (Collection particulière).

A gauche :

Gauguin : LES FOINS, avec le chien de l'auteur au premier plan (Bridgestone Gallery, Tokyo - Japon;).

Au centre, à la place d'honneur :

Meyer de Haan : MATERNITÉ OU MARIE HENRY ALLAITANT SA FILLE LÉA (Collection Joséfowitz).

Sur le mur du fond, où se trouve la cheminée (mur sud) :

Sur la tablette de la cheminée, au centre :

Gauguin ; BUSTE DE MEYER DE HAAN, sculpté et peint (National Gallery of Canada, Ottawa).

Sur l'imposte de la cheminée :

Sérusier : RONDE BRETONNE (Collection particulière, actuellement disparu).

Sur des étagères, de part et d'autre de la cheminée :

Gauguin : NÉGRESSE DE LA MARTINIQUE, sculptée et peinte (Henry and Rose Pearlman Foundation Inc.USA).

STATUETTE JAVANAISE rapportée par Gauguin de l'Exposition Universelle de 1889.

Sur les panneaux supérieurs des portes des armoires :

à gauche :

Gauguin : PORTRAIT DE MEYER DE HAAN (Collection particulière).

à droite :

Gauguin : AUTOPORTRAIT CHARGE (National Gallery of Art, Washington - USA).

Au-dessus de l'armoire de droite, peint à même le mur :

Filiger : L'ANGE A LA GUIRLANDE (Collection particulière).

Sur la cloison, du côté de l'entrée (mur ouest) :

En haut à gauche, peint à même le mur :

Gauguin : JEANNE D'ARC (Collection particulière).

En bas à gauche, sur la porte du placard :

Meyer de Haan : PICHET ET OIGNONS (Musée des Beaux-Arts de Quimper. France).

Au centre, peint sur le mur :

Meyer de Haan : LES TEILLEUSES DE LIN (Collection particulière).

A droite, au-dessus de la porte d'entrée :

Gauguin : L'OIE (Collection particulière).

Sur les panneaux de la porte d'entrée :

En haut :

Gauguin : BONJOUR MONSIEUR GAUGUIN (fondation Armand Hammer - USA)

En bas :

Gauguin : FEMME CARAIBE (The Museum of Modern Art, New York - USA).

Sur les vitres de la fenêtre (mur nord) :

Gauguin : motifs décoratifs illustrant la vie des champs.

Au plafond :

Gauguin : ONI SOIE KI MALE Y PANSE (actuellement disparu).

> *« le plafond satisfait à la conception initiale de la décoration de l'ensemble que de Haan avait exposé à Théo van Gogh ainsi : « ... couvrir tous les murs d'ornements de caractères et de style... et à partir du moment où nous mangions là tous les jours... améliorer les lieux pour notre bien-être »*
>
> Dr Robert P. Welsh . Professeur d'histoire de l'Art, Président du Département des Beaux-Arts à l'Université de Toronto (Canada)- *Le chemin de Gauguin Genèse et rayonnement* - © Musée départemental du Prieuré.

L'Association des Amis de la Maison MARIE-Henry

L'Association des Amis de la Maison MARIE-Henry, Association loi 1901, a été créée le 2 avril 1990.[27]

Elle a pour but de faire connaître les peintres qui ont séjourné dans la Maison MARIE-Henry et de partici-

[27] Son premier président fut l'Amiral Pierre Lacoste (C.R.). Sa présidente actuelle est Madame Jeanine Cochennec, veuve de M.Cochennec, fils d'Ida (la fille de Marie Henry et de Jacob Meyer de Haan) et de Louis Cochennec de Rosporden.

Le jardin de la Maison Marie-Henry.

per au rayonnement de ce « Lieu de Mémoire ».

Cette Association, sous l'égide de la Municipalité de Clohars-Carnoët, a la possibilité de recevoir dons et legs et de promouvoir des actions de mécénat destinées à constituer une collection d'œuvres et de documents originaux relative à la Maison MARIE-Henry.

Son action est de favoriser également les recherches scientifiques sur la Collection Marie Henry, en suscitant des expositions autour des œuvres qui en ont fait partie.

« Je voulais tout oser, libérer la nouvelle génération » Gauguin

Gauguin a incité ses amis à vouloir et à oser dépasser leurs limites. En réagissant contre la peinture descriptive, contre le truquage, en donnant une puissance suggestive à ses œuvres, il a ouvert davantage le domaine de l'inconscient à la peinture. Ses simplifications audacieuses, ses couleurs pures ont libéré le chemin pour permettre l'arrivée des Fauves, et des Cubistes.

La Fête des Goémoniers

Les goémoniers, mi-marins, mi-paysans, récoltaient les algues, riches en iode, pour amender leurs terres.

Ils travaillaient dos au vent, profitant d'une marée basse pour couper les chevelures des rochers, peigner les algues, s'activant avant que la mer revienne et fasse flotter les algues coupées. Les femmes entraient dans la mer jusqu'à la taille pour moissonner les longs rubans glissants, alourdies par leur robes mouillées, elles montaient des brassées de plantes, transportaient, sur des litières, les tas formés que les hommes chargeaient dans les charrettes ou hissaient, par des gorges, en haut des falaises

Après leur dur labeur, ils s'arrêtaient souvent chez Marie Henry, pour trouver chaleur et force avant de repartir dans les fermes, au soir, avec leur chargement.

Le dimanche 1er octobre 1989, la Municipalité de Clohars Carnoët organisa la première fête des goémoniers.

Quelques deux mille spectateurs s'assemblèrent sur la Plage des Grands Sables. Depuis, la tradition demeure.

Comme purent le voir, jadis, les peintres, des attelages menés par des paysans, revêtus des costumes locaux, se rassemblent sur la plage, à marée basse,

Le ramassage du goémon. (Coll. Pierre Le Thoër).

pour la récolte du goémon qui doit s'accomplir sans relâche toute la journée. Toutes les familles s'activent sur les dunes, dans les vagues, en haut des grèves et participent au travail. Hommes et chevaux hissent au sommet des falaises les tas de goémon édifiés par les femmes et les enfants. La « Buvette de la Plage » accueille les « faucheurs de la mer » assoiffés.

CHAPITRE IV

Les personnalités en visite au Pouldu

« Clohars au bon vieux temps » souvenirs du Docteur Palaux

« A la suite de ces hôtes illustres du Pouldu, de nombreux peintres et graveurs vinrent chercher, dans ce « jardin enchanté de la Cornouaille », près de cette mer « qui a tous les dons » cette bonne mine » dont parle Jean Verkade. Nous citerons pour mémoire Auguste CLAIRIN qui peignit le célèbre tableau représentant Sarah Bernhardt, à demi étendue sur un sopha, ayant à ses pieds un beau lévrier couché ; les graveurs Paul-Emile COLIN,Jacques BELTRAND, SELIGMANN, le bel artiste qu'était Arthur MIDY, victime du résistantialisme.

Depuis lors, chaque année ramène aux beaux jours d'été, dans ce coin de « Bretagne douce » des personnalités du monde militaire, littéraire, politique.

Nous nous souvenons, étant enfant, avoir remarqué vers 1890, une dame d'une quarantaine d'années, sanglée dans un dolman, coiffée d'un canotier, aux allures masculines, qui venait, dans un léger cabriolet d'osier, attelé d'un poney, faire ses provisions au bourg de Clohars plusieurs fois la semaine. Ses mœurs étonnaient : ne disait-on pas qu'elle prenait, été comme hiver, ses bains dans la Laïta. La rumeur publique la disait l'épouse du colonel Géhan qui aurait appartenu à l'état-major du Maréchal

Bazaine. … Il aurait fait construire le Manoir du « Grasellou », y tracer un beau parc où à l'abri des regards indiscrets, il se promenait avec sa femme et sa fille, en tâchant d'oublier le passé, face à la belle anse du Pouldu.

Un hôte de marque des Grands Sables fut l'éminent orateur catholique, l'académicien Albert DE MUN, l'apôtre des classes ouvrières, le défenseur de la liberté de l'enseignement. Il tenait à la Bretagne par sa mère Mademoiselle DE LA FERRONNAYS. Il fut élu député de Pontivy en 1876, invalidé le 13 juillet de la même année. Il fut réélu le 27 août et conserva la confiance de ses électeurs jusqu'aux élections législatives de 1889 où il échoua par suite de manœuvres gouvernementales, de défections sournoises dans les rangs de ses amis.

En attendant qu'il trouve sa revanche dans le Finistère en 1893, comme député d'une circonscription de Morlaix, la région de Saint-Pol-de-Léon, il vint se reposer devant la grève des Grands Sables, dans la villa de son ami, M. de Mauduit, y retrouver les forces dont il avait besoin pour surmonter les dégoûts que lui inspirait la politique sectaire des débuts de la Troisième République.

En 1903, Paul ADAM, né à Paris le 7 décembre 1862, publiciste, littérateur, romancier puissant, l'auteur de « La robe rouge », du « Mystère des Foules », de « La Bataille d'Ulde », de « La Force », de « L'enfant d'Austerlitz », du « Trust », passa tout un été au Pouldu, dans la villa du « Grasellou », corrigeant les épreuves de son roman « Le serpent noir » qui a pour cadre Belle-Isle, où il décrit plusieurs sites remarquables du Morbihan et du Finistère, où il relate un pèlerinage à Sainte-Anne d'Auray qui fit une profonde impression sur son épouse d'origine juive, Melle Marthe Meyer. Après la mort de son mari, survenu en 1920, elle embrassa la religion catholique, se fit religieuse dominicaine dans un couvent suisse.

Je remarquai ce couple très uni une après-midi du mois d'août, lors de la fête patronale de Clohars alors qu'ils contemplaient la foule déambulant dans le bourg. Grande, élancée, élégante, elle portait un vêtement blanc très seyant, était coiffée d'un large et coquet chapeau de paille et tenait en laisse deux superbes lévriers. Lui de taille moyenne, donnait une impression de force et d'audace, ...

...La célébrité donnée par les peintres et les littérateurs à Pont-Aven et au Pouldu y attira désormais chaque année, à la belle saison, un grand nombre de touristes parmi lesquels des hommes politiques de premier plan.

Paul DESCHANEL qui devait devenir Président de la République et se perdre, en pyjama, sur une voie de chemin de fer, vint s'asseoir à nos fameuses tables d'hôtel, avec le hirsure Camille PELLETAN, le désorganisateur de notre Marine. Ne raconte-t-on pas que le ministre Louis BARTHOU, tombé depuis sous les coups d'un oustachi à Marseille, venu se documenter sur Pierre LOTI, auprès du filleul de ce dernier, Pierre LE COR, instituteur à Clohars et fils de « mon frère Yves », y fit un de ces repas si copieusement arrosé de cidre mousseux et de bons vins qu'il y oublia tous les « embêtements » de son ministère.

René VIVIANI, ce « Sous-Prométhée » et fameux pompier éteigneur d'étoiles, qui mourut fou, découvrit au cours d'un voyage dans la région de Quimperlé, en 1908, un coin discret propice aux oarystis, le Manoir de Carnoët, dans notre forêt, au bord de la Laïta. Il le signala à son collègue et ami Aristide BRIAND qui y vécut un mois, en compagnie de son Egérie, l'actrice Berthe Cerny de la Comédie française. Ces deux amoureux vinrent se réchauffer incognito sur nos grèves ; ils aimaient fouler nos chemins creux et les sentiers de notre côte sauvage.

Quant à la location du Manoir de Carnoët, Georges SUARES, le biographe d'Aristide BRIAND, nous conte une savoureuse anecdote : « Viviani, avec cette impatience trépidante qu'il mettait en toute chose, voulut le louer sur le champ. Il se renseigna, apprit que le propriétaire était une comtesse du pays (c'était Madame la Marquise de la Sourdrière, veuve du colonel baron d'Ennery) réputée pour sa charité et la dignité de son existence. Il lui écrivit, convaincu que ce nom glorieux de Viviani emporterait aisément son adhésion. Il reçut la lettre suivante :

« Monsieur, je suis une brave bretonne, fidèle à sa foi et aux traditions de mon pays. Quand les nuits sont claires, je m'attarde pendant des heures à contempler les étoiles et c'est une de mes joies les plus douces. Vous ne serez donc pas surpris si je ne puis me résoudre à donner l'hospitalité à un homme qui a prétendu m'enlever cette joie en éteignant ces belles étoiles dedans mon ciel... »

« L'éteigneur des lumières célestes en demeura bouche bée. Briand l'assura perfidement que cette bonne comtesse avait bien le droit de lui faire payer ses écarts de langage. Puis de ce pas il se rendit chez un magistrat de l'endroit qui ne pouvait rien refuser au Ministre de la Justice. Il intercéda auprès de la Comtesse qui se résigna à accorder à l'auteur de la Loi de Séparation ce qu'elle avait refusé au pompier de l'athéisme laïc et universel... » (T. II p ;208)

Un autre homme politique, plus célèbre comme mathématicien, membre de l'Académie des Sciences, Paul-Prudent PAINLEVE [28], se plaisait à rêver d'analyse, de mécanique, d'équations différentielles, sur les bords de la Laïta, au Bas-Pouldu. Il y séjourna pendant plusieurs étés, y discutant avec son neveu, Emile Borel, qui avait hérité de la famille la bosse des Mathématiques, des applications des sciences à l'aviation. Il y retrouvait son fils Jean, accueilli par sa grand-mère, dans sa villa, au temps des vacances.

Nous terminerons ces citations d'hôtes illustres de notre Pouldu qui surent y apprécier « l'enchantement breton », en consacrant quelques lignes au philosophe ALAIN, mort en 1952.

Pendant les deux mois de l'année, il vivait dans une maisonnette cachée derrière les villas bordant à droite la rue qui mène à la plage des Grands Sables.

[28] Paul Painlevé (1863-1933) vint au Pouldu dans la maison à gauche de la route de St Julien, en face de Prat-Bras. Avec les Painlevé, serait venue Marie Curie qui habitait la maison du Comte de Polignac, à côté de chez Jacob. (Communication Pierre Le Thoër).

Ce normand, ancien élève dissipé du lycée de Mortagne qui prit le pseudonyme d'Alain, s'appelait en réalité Marcel CHARTIER. Ancien normalien, il occupait un poste dans l'Université. C'était une sorte de prophète anarchisant, vivant un peu en marge de la société. Pendant des années jusqu'à la guerre de 1914, « La dépêche de Rouen » inséra, chaque jour « Les Propos d'Alain » où il commentait un fait d'actualité.

Il a publié une trentaine d'ouvrages. Pendant l'été de 1929, il écrivit aux Grands Sables « Entretiens au bord de la mer ». « Dans tous les ouvrages d'Alain, dit René Lalou, le thème de la mer résonne comme un motif épique. »

Ses « Eléments d'une doctrine radicale » seraient d'après son confrère le professeur Albert Thibaudet « à classer aux rayons des vieilles lunes. »

« Propos sur le bonheur », « Propos sur l'éducation », « Idées », avec onze chapitres sur Platon, « Etudes sur Descartes, sur Hégel », « Histoires de mes pensées » où il exprime ses conceptions philosophiques, ont été dévorés par des milliers d'étudiants. Bon nombre de solides professeurs et d'hommes politiques éminents ont été de ses élèves : Henri Massis, André Maurois, Maurice Schuman, Lapie, Simone Weil, la mystique, etc.

Depuis 1939, des rhumatismes chroniques articulaires le clouaient au fauteuil. Il se déplaçait difficilement à l'aide de deux cannes, toujours accompagné de sa gouvernante, la nièce du musicien Lucien Landormy, qu'il connaissait depuis 58 ans et qu'il épousa avant de mourir, à l'âge de 84 ans. »

Le Docteur Léon Palaux recueillait anecdotes et souvenirs, légendes et documents qu'il rassemblait en monographies. Ce texte, extrait de la monographie de Clohars-Carnoët qu'il avait communiquée pour l'édition du bulletin paroissial, parut en février et mars 1973.

Une nageuse au Pouldu : Marie Curie

Dans l'histoire de la radioactivité, les plus éminents représentants de cette famille de chercheurs français furent Pierre Curie (1859-1906), sa femme Marie Curie ; née Skolodwska (1867-1934), leur fille Irène (1897-1956) devenue en 1926 la femme de Frédéric Joliot (1900-1958)[29].

Marie Curie, parmi les savants contemporains, fut sûrement de son vivant la personnalité la plus célèbre de tous les pays du monde et de toutes les classes sociales. Elle fut nommée membre de nombreuses académies étrangères, docteur *honoris causa* des plus grandes universités, reçut les distinctions honorifiques les plus éminentes, et fut élevée au rang de citoyenne d'honneur de nombreuses villes.

Avec sa fille Irène et son gendre Joliot, elle séjourna dans la demeure du Comte de Polignac, au Bas-Pouldu, à côté de chez Jacob. Elle a laissé l'image d'une femme sportive qui traversait la rivière à la nage.[30]

[29] Pierre et Marie Curie partagèrent en 1903 le Prix Nobel de physique avec avec H. Becquerel. Marie Curie obtint, en 1911, le Prix Nobel de chimie. Dans le laboratoire de Marie Curie, en 1934, Irène et Frédéric Joliot découvrirent la radioactivité artificielle. En 1935, ils reçurent le Prix Nobel de chimie.

[30] Communication Pierre Le Thoër.

CHAPITRE V

La chapelle Notre-Dame de la Paix

La communion de l'esprit de Pont-Aven et du Pouldu

L'ancienne chapelle Saint-Maudé en Nizon

Cette chapelle, Gauguin l'a vue à Nizon, quand elle s'appelait chapelle de Saint-Maudé, juste au-dessus de Pont-Aven, et qu'elle était encore fréquentée avec fer-

La chapelle Notre-Dame de la Paix au Pouldu. (Cl. G. Huon).

veur. Un pardon y avait lieu chaque année. Mais par la suite, le fermier, son propriétaire, éprouva de plus en plus de difficultés à l'entretenir. La fosse à purin, située au-dessus d'elle, laissait suinter de nauséabonds écoulements. Elle manqua d'entretien et se trouva progressivement abandonnée.

« Le Christ vert » ou « Le calvaire breton »

A deux pas de le chapelle, pour son tableau de 1889, Gauguin s'est inspiré du vieux calvaire de l'église de Nizon, élevé pour conjurer la peste. Dans un paysage inventé, il a posé la piéta de granit sur le fond de falaises, de dunes et de sables roses du Pouldu, réalisant ainsi la communion du sculpteur, d'une religion, de la poésie d'un pays et de l'imaginaire d'un peintre.

En 1956, des hommes décidèrent de sauver la chapelle Saint-Maudé de Nizon et de la transplanter, une trentaine de kilomètres plus loin, au Pouldu, comme Gauguin avait rêvé son décor.

La communion des hommes

Au milieu des années cinquante, la chapelle Saint-Maudet à Lanmar'ch se trouva trop petite pour accueillir les paroissiens, surtout l'été, et le besoin de construire une chapelle plus proche du Pouldu se fit sentir. Le couple Pierre Carpentier et Madeleine Fialip, fut à l'origine de cette idée. Ils étaient nés tous deux en 1896. Madeleine Fialip avait fait l'Ecole de Sèvres. Pierre Carpentier était inspecteur d'anglais. Ensemble ils rédigeaient les célèbres livres d'anglais destinés à l'enseignement des élèves de lycée. En été, ils résidaient dans leur villa de Saint-Julien, ancienne propriété des moines, où il recevaient de nombreux intellectuels anglais, américains, beaucoup d'agrégés en mathématiques, physique et langues étrangères.

Monsieur le chanoine Cotten mit tout en œuvre pour permettre la réalisation de ce rêve. Il rechercha un terrain où implanter le futur édifice et fit part du projet à Madame Nestour, des Grands Sables. Madame Nestour, qui était atteinte de cécité, fit don de son terrain en émettant le souhait que la future chapelle fut dédiée à Notre-Dame de la Paix.

Pierre Brunerie, architecte quimperlois et voisin immédiat du couple Carpentier-Fialip au Pouldu, fut chargé de dessiner les plans et de faire l'étude financière de la construction. Mais cette dernière montra qu'un important budget était nécessaire et qu'il serait moins coûteux d'acquérir une chapelle ancienne. C'est ainsi qu'il fut décidé de racheter la chapelle de Nizon.

A l'évêché, le Vicaire Général Hélou, qui s'occupait de la revue « Art Sacré » fut un ardent défenseur de la reconstitution.

Au cours des années 1956-1957, l'entreprise Corentin Le Bris de Fouesnant réalisa les travaux. M. Le Bris numérota et photographia chaque pierre. La chapelle fut démontée, transportée, puis remontée au Pouldu, en bordure de l'actuelle rue du Philosophe Alain, dans l'enclos de Madame Nestour.

Ce vieux sanctuaire du XVe siècle, avec un ajouté du XVIIe siècle, les deux parties se raccordant sans heurts, retrouva sa jeunesse d'antan.

Les poutres sont d'origine. Le belle poutre de gloire, qui soutient un émouvant Christ de bois, encadré de sa mère et de l'apôtre Jean, vient de la chapelle Saint-Maudet de Lanmarc'h.

Les statues de Notre-Dame de la Paix et de Saint-Yves, encadrent la verrière maîtresse du chœur. Au-dessous, le Maître Autel est formé d'une pierre de 2 m 70 de long sur 0,90 m. L'un des piliers porte un Saint-Christophe, et dans une niche, près de la sacristie, se trouve une « Piéta ».

Longue de 25 mètres, large de 15 mètres, par l'irrégularité de ses piliers, la variété de style de ses portails, ses ouvertures asymétriques échancrées de dessins de

La chapelle Notre-Dame de la Paix. Détail. (Cl. G. Huon).

pierre diversifiés, la chapelle répand un charme animé et fin.

La chapelle Notre-Dame de la Paix. Détail. (Cl. G. Huon).

A l'origine, à Nizon, la chapelle ne possédait qu'un sol en terre battue, il fallut rechercher dans la région les pierres pour le daller. La nef centrale fut d'abord pavée en ardoises et les travées revêtues de pierres. Depuis quelques années, le sol est uniformément recouvert de pierres.

La chapelle Notre-Dame de la Paix. Intérieur. (Cl. G. Huon).

La reconstitution terminée, les beaux dessins de pierre révélaient la criante absence de vitraux. Pierre Brunerie contacta alors son ancien ami de l'Ecole des Beaux-Arts de Paris, Alfred Manessier, avec lequel il avait travaillé en architecture, à l'atelier Mathon. Il lui adressa une lettre lui expliquant l'entreprise, son intervention nécessaire pour la création des vitraux et la situation de la chapelle. Le temps passa, sans réponse... Un peu déçu et désabusé, l'architecte commençait à s'inquiéter quand, un midi, la sonnerie du téléphone retentit. Alfred Manessier, à Quimperlé, l'appelait du bout de la rue. Avant de donner réponse à son ami, il avait voulu connaître seul la chapelle[31]. Il acceptait le projet.

Le maître verrier chargé de la réalisation des vitraux fut Jean Barillet, de l'atelier parisien.

31 Témoignage Jean-Pierre Brunerie.

De forte corpulence, il arrivait au Pouldu au volant d'une grande voiture américaine. Des chambres étaient louées à l'Hôtel des Dunes. Tout le monde se réunissait chez les Carpentier-Fialip. Par un beau jour, arriva chez eux, en 2CV, le révèrent-père Régamey, Directeur d'Art Sacré à Paris, portant soutane blanche. Exténué par le voyage et apercevant le comité des dames qui s'apprêtait à l'accueillir, il referma la porte en soupirant « Dormir, dormir et ne pas perdre de temps ! »[32]

La chapelle Notre-Dame de la Paix fut bénite et rendue au culte le 21 juillet 1957, par son excellence Monseigneur Rolland, évêque d'Antsirabé.

Cas extrêmement rare, après avoir été démontée puis remontée, elle a été classée Monument Historique par les Beaux-Arts.

Dans l'enclos bordé de peupliers, on éleva un calvaire. Le soubassement provient de la chapelle Saint-Herbot au Trévoux, et la croix et les personnages ont été sculptés par M. Boureau de ty-Forn, à Doëlan.

La croix du calvaire sculptée par M. Boureau. (Cl. G. Huon).

Pour financer tous ces travaux, pendant de nombreuses années, la solidarité anima les kermesses estivales. Tout le monde participait : Albert Lafay, voisin et amical concurrent du couple Carpentier-Fialip, comme eux rédacteur de manuels scolaires d'anglais, élève du philosophe Alain et inspecteur d'anglais ; qui aimait peindre et recevait souvent la visite de M.M.L.

[32] Témoignage Madame Imelda Brunerie.

Savin ; Madame Brunerie confectionnait ses célèbres poupées ; les artistes, dont Claude Huart, faisaient don de leurs œuvres ; l'hiver, à Paris, les Carpentier-Fialip écumaient les petites boutiques pour trouver des lots ; et tant qui apportèrent leur aide...

Les vitraux de la chapelle

La communion des artistes

En 1958, Manessier étudia la création des trois vitraux du chœur, dont le « voile de la vierge », au centre est la pièce maîtresse, et confia les trois vitraux de la nef à Jean Le Moal.

Ensemble, ils définirent le plan de lumière du sanctuaire et composèrent le vitrail du baptistère.

Le voile de la vierge. Vitrail du chœur. Alfred Manessier. (Cl. G. Huon).

Signature de Manessier. 1958. Le voile de la vierge. (Cl. G. Huon).

Alfred Manessier

Manessier, né en 1911, à Saint-Ouen dans la Somme, est un des héritiers du courant Abstraction-Création créé au début des années trente par Gleizes,

Détail du vitrail à gauche du maître autel. (Cl. G. Huon).

Vitrail à gauche du maître autel. Alfred Manessier. (Cl. G. Huon).

Kupka, Herbin, etc. Après la guerre, il est de ceux qui, avec Le Moal, Poliakoff, Estève, Bazaine, Soulages, Lapicque, Bissière, Singier, Ubac, font progresser la haute tradition de l'Ecole de Paris. Il s'exprime par un art qui n'est pas figuratif, tout en évitant la froideur de la rigueur géométrique pure.

Grand rénovateur de l'art sacré, c'est un artiste intransigeant et mystique qui s'inspire de la lumière et de la musique. Par ses agencements de surfaces d'une grande richesse chromatique, par un lyrisme chaleu-

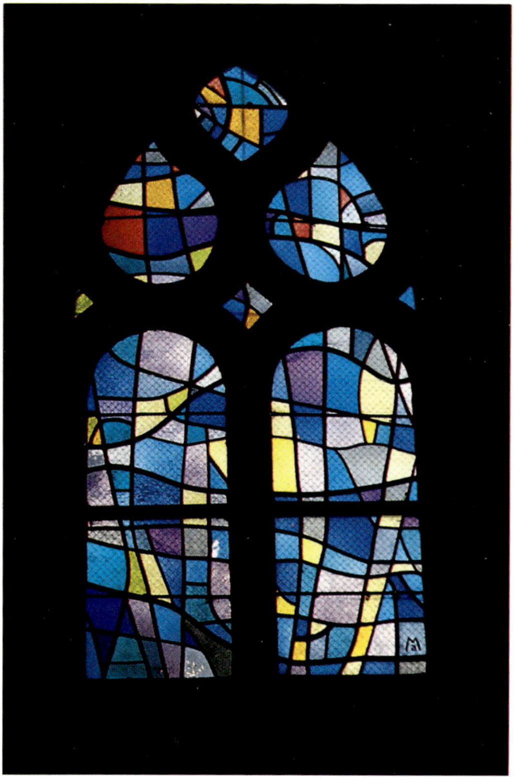

Vitrail à droite du maître autel. Alfred Manessier. (Cl. G. Huon).

reux, à la mesure de sa foi retrouvée au cours d'un séjour à la Trappe de Soligny en 1943, il se dégage du monde des réalités et ouvre un espace spirituel. L'influence de son art non-figuratif fut immense sur la jeune peinture.

Dans de nombreux pays, il conçut les vitraux de chapelles, d'églises, d'abbayes ou de cathédrales.

« Alfred Manessier- Je pensais avant tout que les verres devaient chanter pleinement un hymne à la lumière, sans qu'aucune figuration ne vienne la troubler. Dieu est lumière.. Il y a un très beau passage sur l'avènement du vitrail dans un livre de Georges Duby :

« Dieu est lumière... Voici la fonction du vitrail : dans l'édifice il fait pénétrer la lumière du soleil, et du même coup, il en opère la transmutation ; il la pare, il la revêt des prestiges des diverses gemmes, rubis, topazes, émeraudes, lapis lazuli, dont les lapidaires analysaient les vertus et qu'ils mettaient en correspondance avec les qualités de l'âme et les essences spirituelles ».

C'est cela en premier le rôle du vitrail au XIIe et c'est dans ce climat d'émerveillement que par le dessin et la figuration l'on racontait l'histoire sainte, l'histoire du Christ et des saints. Le vitrail, alors est aussi prédication de vérité.

Pierre Encrevé - C'est la théorie de Suger. Saint-Bernard au contraire, refuse la polychromie : il veut une lumière nue et non pas une lumière colorée, habillée de toutes les splendeurs des couleurs.

A.M. - Oui. Mais d'une certaine manière, ils ont raison tous les deux. Pour Saint-Bernard la lumière nue est invisible et sans couleur. Suger, lui, la voit plutôt en un arc-en-ciel. Là où elle se décompose en sept couleurs tout en restant elle-même. C'est alors une splendeur visible pour tous les hommes.
Mais ne recommençons pas ce procès... « Il y a beaucoup de lieux dans la maison de mon père »...

In Alfred Manessier, *Les Vitraux*, Musée Suisse du Vitrail & Centre International du Vitrail. Benteli.

Vitrail Jean Le Moal. (Cl. G. Huon).

Jean Le Moal

Né le 30 octobre 1909 à Authon-du-Perche en Eure et Loire. Son père est d'origine bretonne et sa mère est ardéchoise. En 1926, à Lyon, à l'Ecole des Beaux-Arts, il choisit la section d'architecture intérieure. De 1929 à 1934, il s'installe à Paris et, admirant Cézanne et Matisse, s'engage définitivement pour la peinture. Il rencontre Alfred Manessier au Louvre qui, comme lui, travaille solitairement. De 1935 à 1939, il entre, avec

Détail vitrail Jean Le Moal.
(Cl. G. Huon).

Manessier, à l'Académie Ranson, dans l'atelier des fresques de Bissière et travaille dans l'atelier de sculpture de Malfray. En 1937, il oeuvre avec Bazaine pour l'Exposition Universelle. En 1942, il se consacre à la peinture à Vannes. Peu à peu, sa composition en large pans, la simplification des formes, l'amènent à s'éloigner de la

Vitrail Jean Le Moal.
(Cl. G. Huon).

Vitrail Jean Le Moal.
(Cl. G. Huon).

Vitrail Alfred Manessier et Jean Le Moal. (Cl. G. Huon).

Vitrail Alfred Manessier et Jean Le Moal. (Cl. G. Huon).

représentation. Son expérience du travail de l'espace le conduit à traiter les problèmes de l'art monumental et à la restauration intérieure d'églises.

Sa première grande réalisation monumentale est la verrière du chœur de l'église Notre-Dame de Rennes. L'étude des variations de la lumière devient le thème principal de ses recherches. Il réalise les vitraux pour le baptistère de l'église Saint-Martin à Brest, pour la crypte de l'église d'Audincourt.

En 1969, il commence à exécuter un ensemble de vitraux de 370 m^2, pour la cathédrale de Saint-Malo, qu'il achève en juin 1972.

La chapelle des peintres du Pouldu

L'historien Charles Chassé regrettant avec une belle ardeur que rien au Pouldu ne rappellât la mémoire de Gauguin et de ses amis peintres, il fut décidé d'associer les lieux à leur image. Aucun monument, nul buste, ne pouvait évoquer Gauguin sans trahir son caractère irréductible et barbare. Pour l'occasion, c'est l'esprit immémorial du pays qui émergea, érigeant ses pierres comme les Celtes, pour y graver le nom des peintres.

Pour les accueillir, M.M.L. Savin écrivit « Les Peintres du Pouldu », salut amical d'un compagnon de route.

La Pierre-à-Gauguin

« Léonard de Vinci avait dit : « Peinture, chose d'esprit. » Gauguin à son époque du Pouldu, avait rejoint la pensée de Léonard. Il avait le sentiment d'inventer enfin la peinture. Rien de plus vrai. Mais la peinture qu'il inventait n'était, ne pouvait être que la peinture comme elle est quand elle est totalement la peinture. Que cette invention de la peinture éternelle se soit passée ici, sur nos dunes, dans ce vallon, cela valait bien une pierre. »

M.M.L. Savin. 20 juillet 1958.

La pierre-à-Gauguin. (Coll. Pierre Le Thoër).

La Pierre des compagnons

Sérusier, Jourdan, Filiger, Meyer de Haan, Maufra, Séguin, Moret, Chamaillard, Verkade, furent appelés pour paraître, aux côtés de Gauguin, à l'entrée de l'enclos de la chapelle.

La pierre des compagnons. (Coll. Pierre Le Thoër).

CHAPITRE VI

L'héritage du Pouldu

Alain, philosophe peintre

« Le bonheur dépend des petites choses »

Les chemins creux du Pouldu, surtout les pierres de leurs murets, sont pour beaucoup dans l'attachement d'Alain à ce pays. Dès son arrivée, pipe en main, il entraînait ses amis pour «voir les murs», murs de pierres sèches, posées par des mains rugueuses. Pour lui, il n'y avait rien de plus beau en Bretagne. Depuis, beaucoup de la poésie de cette contrée a disparu avec eux...

Il peignait sur de petits formats, sans signer, puisqu'il peignait pour lui, naturellement, comme les enfants, sans tuteur ni soucis d'école. Assis sur la plage, une boîte posée sur ses genoux, son pinceau racontait la mer, d'une peinture fine, toujours la mer. Il réalisa ainsi près de deux cents toiles.

Avant de faire construire sa maison, « Le puits fleuri » en 1928, dans la rue plus tard baptisée de son nom, il logeait chez les Pouzoullic, puis plus tard à l'hôtel. Quand il fut paralysé, pour qu'il puisse venir prendre ses repas avec son chariot roulant dans la maison Pouzoullic, on aménagea une porte à l'arrière du jardin [33]

[33] Témoignage Maryse Pouzoullic, cité par Pierre Le Thoër.

Médaille du philosophe Alain.

Médaille du philosophe Alain. Verso.

« Je dirais à tous ceux qui se torturent ainsi : pense au présent ; pense à ta vie qui se continue de minute en minute ; chaque minute vient après l'autre ; il est donc possible de vivre comme tu vis, puisque tu vis. Mais l'avenir m'effraie, dis-tu. Tu parles de ce que tu ignores. Les événements ne sont jamais ceux que nous attendions ; et quant à ta peine présente, justement parce qu'elle est très vive, tu peux être sûr qu'elle diminuera. Tout change, tout passe. Cette maxime nous a attristés assez souvent ; c'est bien le moins qu'elle nous console quelquefois. »

17 avril 1908. *Alain. Propos sur le bonheur.*

La Galerie de Kerzellec

En juillet 1991, avec « Les Amis de GAUGUIN au POULDU », Jean Sylvain Fontaine, peintre discret et réservé, et sa femme Hélène, organisent dans leur Galerie de Kerzellec - La Ferme au Pouldu[34], peinte par Gauguin et ses amis -, une exposition d'une trentaine de

[34] La ferme peinte par Gauguin et Jacob Meyer de Haan appartenait à Laurent Brangoulo, le parrain de Léa, première fille de Marie Henry. « Toît bleu » ou « ferme au Pouldu » de Gauguin est aux Etats Unis (Dallas Museum of Art), « La ferme au Pouldu » de Jacob Meyer de Haan est au Pays-Bas (Rijkmuseum Kröller Muller).

La Ferme au Pouldu. Paul Gauguin 1890. (Dallas Museum of Art).

toiles d'Alain et des maquettes originales de ses ouvrages.

Son disciple M.M.L. Savin

Maurice Marie-Léonce Savin est né le 15 juin 1905 à Grenoble. Il signera plus tard ses peintures des seules initiales de ses trois prénoms : M.M.L.

Des années 1923 à 1929 il est l'élève d'Alain pendant trois ans en rhétorique supérieure (khâgne) au lycée Henri-IV à Paris. Il devient peu à peu l'ami du philosophe, puis son disciple privilégié. Il prépare alors, sur ses conseils, l'agrégation de philosophie à laquelle il est reçu en 1929, en même temps que J.-P. Sartre et S. Weil.

C'est de cette époque parisienne que date sa découverte de la peinture.

Pendant les vacances scolaires, à partir de 1933, il passe ses congés auprès d'Alain et de sa compagne, Madame Monique More-Lamblin , au Pouldu. A cette époque la gloire de la « bande à Gauguin » n'est pas encore édifiée.

Quand en 1941, Madame More-Lamblin meurt, elle lègue à Savin sa petite maison du « Puits Fleuri ». Après la guerre il vient y passer la plupart de ses vacances.

A la mort de son maître, en 1951, il fait paraître aux Editions du Mercure un très émouvant hommage : « En Bretagne avec Alain »

Puis il fait publier son grand roman : Le Verseau, paru aux Editions Gallimard en 1955 et aussitôt traduit en allemand chez R.V.A. sous le titre d' « Antoinette Lherbot. »

Dans les années 60, son activité picturale s'intensifie et concurrence l'activité littéraire. Par l'intermédiaire de son élève, Robert Bourgne, il fait la connaissance de Claude Huart en compagnie duquel il expose à la galerie « L'Araignée » à l'Hôtel des Dunes, chez Le Pennec, au Pouldu. Avec le sculpteur Boureau, ils créent le groupe des « Crabistes »[35] qui exposera à « L'Araignée » et à la Galerie Municipale de Pont-Aven.

Ils rencontrent aussi le peintre Hervé Kervella qui vit près du Kerdro et qui trouvera dramatiquement la mort au Pont de Saint-Maurice.

La peinture de M.M.L. Savin, intime, en aplats ondulés et cernés, où la couleur crée son propre espace, dans des harmonies discrètes, restitue la transparence et la lumière mate.

Pour l'âme tendre de ce poète, l'art ne pouvait être que le contraire d'une récréation, d'un pur et simple

[35] Boureau vint un jour rendre visite à Savin pour lui parler de son idée de créer un prix artistique du Pouldu. « ce serait un véritable pannier de crabes!» rétorqua Savin, et, ce jour naquit le groupe des « Crabistes », dont Mayoral fit partie.(témoignage Claude Huart).

divertissement. Il était le sentier pour accéder à soi-même, au monde et à Dieu.

Claude Huart

Corot disait qu'il y a des artistes s'élevant comme des aigles en plein ciel d'un grand coup d'aile, mais qu'il n'était lui-même que la petite alouette qui monte le matin, des blés et qui chante le jour naissant.

Au jeu du portrait chinois, Claude Huart serait la grive familière du bocage qui, d'un vol léger, gagne le champ de colza ou la prairie fleurie de grandes marguerites, du plantain lancéolé, et du compagnon rouge sur lequel se pose le papillon citron. Passant au-dessus des bruyères cendrées ou ciliées, des ajoncs et des genêts, il pourrait être la fauvette de la lande, ou encore la bergeronnette des ruisseaux posée au bord des rochers éclaboussés par les eaux rapides d'une rivière.

Toujours oiseau, compagnon des arbres. Jamais de proie, mais oiseau du bois, car cet homme venu du Nord, né en Picardie, d'une famille de Fresnes-sur-Escaut, qui s'est attaché au sol breton comme un lichen, aime gravement les arbres.

Rares sont ses œuvres où ils s'absentent ; s'il peint les fruits qu'il aime, à côté, il aura posé leur feuillage, leurs branches fleuries dans un vase, et, si parfois on ne les trouve pas, c'est que, dans leur bois, il aura creusé son œuvre.

Jeune étudiant aux Beaux-Arts à Valenciennes, puis ensuite à la Facultés des Lettres de Lille, rêvant déjà avec Apollinaire, c'est en visitant l'exposition des images à Epinal, où il effectuait ses classes de service militaire, que la gravure sur bois l'a séduit.

En 1956, il fait son service militaire, jusqu'en 1959, à l'école spéciale de Saint-Cyr Coëtquidan, il y est professeur de Lettres des étudiants d'Amérique Latine. C'est là qu'il fait la connaissance de Robert Bourgne, comme lui professeur à Saint-Cyr Coëtquidan, et élève de M.M.L. Savin, le disciple du philosophe Alain.

En 1956, il découvre la Bretagne et fait ses premières promenades au Pouldu.

En 1959, il loge chez le Docteur Guyot à Clohars Carnoët, entouré par les œuvres des peintres de l'école de Pont-Aven et du Pouldu. Il y admire les tableaux de Sérusier aux douces harmonies de tons, sans brillance, sans reflets.

Son chemin passe par la Direction de l'Ecole des Beaux Arts de Lorient, des missions d'enseignement dans plusieurs Université du Costa Rica, à Dakar, des expositions et des voyages à New-York, en Suisse, au Vénézuela, en Italie... Comme son illustre prédécesseur au Pouldu, il aime faire des fugues dans les îles, Les Saintes, La Polynésie...

La maison du Pen du. Huart 1993.

La gravure

La tradition d'Albrecht Dürer, la fraîcheur de l'imagerie naïve et anonyme d'Epinal.

Dans son travail Huart se veut artisan Ses outils sont le maillet, l'échoppe, l'onglette, le burin, la gouge, la presse... D'une lame tranchante, il doit aller à l'essentiel, sans repentir possible, et le cœur d'un arbre ne se taille pas facilement, il ne faut pas le blesser. La matière résiste, il faut en connaître toutes les veines pour qu'elle devienne complice de la main et du rêve.

Pour les œuvres en couleur, il travaille la gravure sur bois de fil[36]. Il faut un bois dur, lisse, sain et sec, le pommier a sa préférence. Il grave « à bois perdu », une seule planche pour toutes les couleurs, ce qui veut dire qu'il grave une première fois pour obtenir une couleur, ce premier état est passé sous la presse, ensuite il continue à éliminer, champlever le bois, effaçant ainsi ses repères, pour graver une nouvelle séquence du dessin et faire naître les autres couleurs. A la fin, le bois aura tout donné et le graveur ne pourra plus rien dire.

La gravure sur bois debout[37], permet un travail très minutieux, où il peut faire des dentelles, raconter la neige ou l'enfance, en jouant avec l'encre noire et le blanc du papier.

[36] Le bois gravé est la gravure sur bois de fil, c'est-à-dire sur des planches sciées dans le sens du fil du bois. On a conservé des estampes chinoises, qui sont des bois gravés imprimés sur papier, datant du VIIIe siècle.

[37] La gravure sur bois debout, ou bois de bout, est réalisée sur du bois scié dans le sens perpendiculaire au fil. La planche à graver est formée de petits cubes collés. Les fibres ne risquant pas d'éclater, l'artiste a plus de liberté pour exécuter des détails plus minutieux. Le principe est le même que pour le bois gravé, puisqu'il s'agit toujours d'une gravure « en taille d'épargne », mais la technique est plus précise et les outils ressemblent d'avantage à ceux utilisés pour graver le métal.

La peinture

« Mer ou campagne, ça ne sait pas poser ; ça ne tient pas en place. On l'attrape au vol le champ de blé. J'aurais voulu le voir Monet avec sa montre à midi quinze passer d'une cathédrale à l'autre... ça c'est des inventions car il faut tout inventer ; le vent dans l'avoine, la bruyère sur le talus, le rocher dans la mer, le saint Graal ou la sainte Croix. C'est la même chose. Les paysages sont les légendes de la terre. »

Claude Huart. *Pensées parmi les moins malsaines.*

Au Pouldu il mêle ses pas à ceux des compagnons peintres qui logeaient chez Marie Poupée. Sûr, parfois, au débouché d'un sentier ou à l'approche d'une plage, il reçoit la bourrade amicale d'un de ces rapins, ou bien il ressent le poids de sa solitude. Pourtant, lui qui revendique l'honneur d'être un peintre local, pudiquement, ne fait que des tableaux réconfortants et gais qui sentent la poésie plus que le manifeste esthétique.

Sur cette terre marine, il a rencontré des regards qu'il porte en lui désormais, Compard, Savin. Ceux qui font les souvenirs qui donnent goût et couleur à la vie, la chaleur de l'amitié à la voix.

Il aime l'image, il aime le livre, le texte, le mot, la lettre et le caractère d'imprimerie, compact ou aéré, en ordre sur le papier

Il est peu d'écrivains qui n'aient été, un jour, tentés par la critique d'art : Aragon raconta Courbet, Baudelaire fit ses « Ecrits esthétiques », Apollinaire calligraphia ses poèmes en gammes typographiques, Eluard fut inspiré par la peinture contemporaine, Cocteau s'est fait dessinateur, Victor Ségalen, Claudel, Malraux...

Beaucoup de peintres illustrèrent les livres et les revues, Gauguin, Filiger, Gustave Doré, Daumier, Jean Puy travailla pour Vollard, Bonnard pour Gide... Les cubistes mirent leurs mots dans leurs tableaux, Juan Gris illustra Max Jacob, Max Jacob peignit avec Picasso... Ecriture et peinture mêlent leurs signes, et toutes deux donnent à voir.

A Kerguélen , Huart joue sur le fil de leur frontière ; ses amis, qu'il illustre, ont pour nom M.M.L.Savin, Xavier Grall, Glenmor, Pierre Jakez Hélias, Charles Le Quintrec, Marie-Françoise Le Drian, Gérard Le Gouic, et le compagnon de Lettres Robert Bourgne...

> *« Arbres, je vous somme d'obéir à ce peintre du Nord descendu en ancienne Bretagne. Demain, vous ne serez plus. C'est votre testament qu'il écrit ».*
>
> *... Il y a une immense amitié dans cette œuvre qui ne crie jamais et n'en finit pas de doucement chantonner. Huart aime l'amitié au point de donner aux hommes une paix qu'il ne connaît peut-être pas lui-même. C'est ça le talent. »*
>
> Xavier Grall.

Jean Renault

A quelques pas de chez Huart, presque voisins de talus, Renault et sa femme Annick, ont installé l'Atelier de Kerguivarec.

Renault, est né à Rennes en janvier 1934. Son enfance à Brest se limite au « quotidien et à la guerre » ; de son adolescence et de ses études à l'école des Beaux-Arts de Rennes il garde un douloureux sentiment de rejet et d'incompréhension qui lui forge un tempérament de rebelle. Pendant de nombreuses années il concilie travail à Paris et peinture en Bretagne, avant de se consacrer entièrement à une recherche en peinture à Clohars Carnoët.

Avec ses premières œuvres, il plonge au primitif par ses études de figures semblables aux statues africaines, pour ensuite prendre de la hauteur dans ses « vues aériennes ». Après un passage à la Villa Médicis à Rome en 1983, où il construit, décompose et casse le paysage, en strates ocrées, il expérimente sa période des « petits carrés » (Le Rocher du Kérou). Avec des instruments qu'il fabrique, il strie ses surfaces, les griffe, hachure ces petites cellules cloisonnées, répétitives, obsédantes. Puis excédé par ces suites entêtantes, il fait une peinture plus violente, toute en matière, toile découpée, collée, carrée et c'est « L'Ile au Trésor » poudrée d'or, cernée de poissons rouges. Très bleue aussi. Ce sera le début de la période des Iles. Période grise. Là il n'y a plus de matière, le contreplaqué est poli au papier de verre. Puis progressivement, Renault introduit ses « signes », pour venir à ses séries des « baigneurs ». D'abord étude d'un simple baigneur en bordure de l'eau, éclaboussé par le bleu turquoise, en violent contraste avec le brun chaud des rochers et le noir du maillot, ensuite, graduellement, après une synthèse terrible, l'usure du ponçage, l'apparition de signes cabalistiques, le baigneur devient fœtus, et finalement, bascule dans l'eau salée. Drame terrible, réglé en tête à tête avec la peinture.

Le travail de reconstruction vient après, patiemment, avec la série « Port Sac'h ». Depuis quarante ans, à cinq cent mètres de la Roche Percée, « ce petit morceau de terre, de rocher, de mer représente l'essentiel de son travail de peintre... ».

C'est dans ces parages, qu'adolescent il se lia avec l'écrivain Thoré Dalsthrom qui fut son guide intellectuel.

A Doëlan, dans sa série intitulée « Femmes au travail - Capitaine Cook », il s'inspire du travail à l'usine pour réaliser de grands panneaux sur bois, exposés, en 1993, à L'Atelier d'Ernest Correlleau à Pont-Aven.

Poursuivant sa quête philosophique qui le guide vers une plus grande sérénité, mais toujours inquiet de l'humain, il coule au même creuset ses visions de Gabès en Tunisie, ses études du corps féminin et une lecture attentive des cent-dix-sept versets du « Poèmes des Poèmes » qu'est le « Cantique des Cantiques », un des livres les plus courts de la Bible. Chant universel d'amour, mystique, allégorique, érotique, mythe ou traité d'histoire, sans âge, qui proclame le droit de l'amour absolu dans l'intimité d'un couple, posé sur un plan cosmique qui décrit la création entière.

Sur de grandes toiles, il peint l'encens, le safran, l'aloès, les palmiers, la poésie hébraïque, les murs blancs et les courbes humaines prises dans les lignes de l'univers, tout en gardant au coin de l'œil le rocher de Port Sac'h.

Le Cantique des Cantiques. (Série) Renault 1993. (© B.Y. Leglantin).

« Cette terre du Pouldu exerce donc toujours sa puissance magique. Il faut apprendre à l'aimer, et on ne peut tout à fait l'aimer, sans devenir soi-même un peu peintre, un peu poète. Elle n'est pas de ces terres éblouissantes qui forcent l'enthousiasme. Elle exige patience, lenteur, la pudeur, toute la délicatesse de l'amitié. De même, une toile de Sérusier ou de Gauguin, une gouache de Filiger.

L'âme de ces peintres, c'est bien l'âme un peu farouche du Pouldu. »

M.M.L. Savin, *Les Peintres du Pouldu*, 1958.

CHAPITRE VII

Doëlan

Du Pouldu, par les chemins côtiers qui contournent les criques, surplombent les gouffres, les rochers battus par la mer, passant près de l'ancienne presse à poisson, on arrive au petit port discret de Doëlan dans son bras de mer.

Niché au creux d'un aber, Doëlan, c'est un phare pour guider le retour des marins, une digue pour contenir les humeurs de l'océan, un quai pour accueillir les pêcheurs, une rue qui souligne les maisons, et les bateaux au mouillage.

Doëlan a toujours eu ses peintres amoureux, accrochés à un morceau de route ou de cale.

Henry Moret

Né à Cherbourg en 1856, il participe à sa première exposition au Salon de 1880.

Puis il gagne la Bretagne qu'il ne quittera que pour de rares voyages, en Normandie et en Hollande.

Lié sentimentalement avec le « Maître »

En 1888, à Pont-Aven, Sérusier le trouve auprès de Gauguin chez Marie-Jeanne Gloanec.

Avec Emile Bernard, Charles Laval et Ernest de

Chamaillard, ils sont à l'écart des autres peintres « pompiers » qui les appellent les «impressionnistes».

Moret est déjà un peintre d'expérience, habitué de Pont-Aven. Gauguin l'estime et lui dédicace une marine du Pouldu.

> *« Dans ce temps-là, il avait transformé sa manière suivant la nôtre...J'avais pour Henry Moret une véritable estime et nous allions parfois nous promener ensemble pour chercher des motifs. »*
>
> Emile Bernard, *Lettre à René Maurice*, 1937, in *Souvenirs inédits sur P.Gauguin et ses compagnons.*

A la fin 1889, Moret rejoint Gauguin, Filiger , de Haan et Jourdan chez Marie Henry, au Pouldu

Il reste longtemps en compagnie de Gauguin. Durant cette période les deux artistes travaillent avec un style, un esprit, une technique et une palette identiques et sur les mêmes motifs.

De 1890 à 1894, Moret demeure dans la région Lorientaise

Sa vie y est difficile, sa peinture, révolutionnaire pour l'époque, se vend mal.

Il expose ses toiles chez le père Colas, miroitier rue des Fontaines, Chez Fontaine Père, rue des Colonies, ensuite chez son fils Georges, place Alsace-Lorraine, puis chez Baud, Cours de la Bôve. On le voit fréquemment au Café Larnicol, Cours de Chazelles.

En 1894 et 1895, il expose au Salon des Indépendants. Le marchand Paul Durand-Ruel lui achète plusieurs tableaux, ce qui lui permet dès lors d'affirmer et d'épanouir son style, fruit de l'alliance d'une facture impressionniste et des idées de la synthèse - couleurs dominantes, chaudes et froides, opposées, composition simplifiée en vastes plans.

1895 : Les îles bretonnes :

Gauguin part définitivement pour Tahiti en Juillet de cette année. Moret se retire sur les îles de Groix, Belle-Ile et Ouessant qu'il peint avec une palette lumineuse.

1896 : Année décisive dans l'évolution de son œuvre. Installation à Doëlan

Doëlan rive gauche

Surplombant la rive droite de l'entrée du port, Moret vit dans une vieille maison - un ancien corps de garde désaffecté du XVIIIe siècle, ayant appartenu aux canonniers garde-côtes, puis, au siècle dernier au Service des Douanes - sur une falaise dominant la mer, face à l'île de Groix.

Doëlan, rive droite

Moret vit ensuite chez M.Tonnerre, qui presse les sardines dans des caques, et qui possède , au sommet de la colline, une charmante petite maison de pêcheur. De sa fenêtre, Moret peut contempler un des plus beaux spectacle de la Bretagne.

(Après son décès en 1913, les peintres Le Ray, Tal Coat, Emile Compard, y vécurent à leur tour).

Durant cette période, il revient à l'impressionnisme, la nature, le paysage reprenant leur emprise, mais il travaille toujours avec ses couleurs pures, posées par touches, sans mélange, qui se font vibrer entre elles intensément.

1903 et 1908 :
Expose au Salon d'Automne

Toujours présent sur les cimaises de la Galerie Durand-Ruel à Paris et à New-York.

Souvent exposé en compagnie de Maxime Maufra, Gustave Loiseau, Georges d'Espagnat.

Il séjourne, en 1903, avec Chamaillard et Séguin à Châteaulin.

En 1912, il fait un bref séjour
sur les côtes de la Manche.
Il meurt à Paris le 8 mai 1913.

En 1910, il avait subi une grave opération chirurgicale. Madame Moret demanda à Léon Palaux, qui était étudiant en médecine à l'époque, de renouveler les

Voiles à Doëlan. 1911. Henry Moret (Collection particulière).
(© B.Y. Leglantin).

pansements de son mari. La lésion qu'il avait à l'intestin récidiva et un seconde opération fut nécessaire. Il mourut quelques mois plus tard, dans d'atroces souffrances, que sa foi lui fit supporter avec résignation. Ses obsèques eurent lieu à Notre-Dame de Lorette, et de nombreux amis, dont Pégot-Ogier, l'accompagnèrent au cimetière du Père Lachaise, où Henri Eon prononça les mots d'adieu à son ami.

Un homme travailleur et discret

« Moret, un silencieux qui écoutait plus volontiers qu'il ne parlait »

John Rewald. *in Le Post-Impressionnisme.*

Ses plaisirs furent simples : la chasse, très bon fusil, il aimait parcourir la campagne, avec les chiens, traquant le gibier dans les landes, talus et bois ; la

Doëlan. (Coll. particulière).

pêche en mer où il partait avec le père Jacob ou M. Tonnerre ; les cartes chez Pierre Merer avec les pêcheurs. Il était souvent accompagné par le peintre amateur Marius Gourdault (1859-1935), ami de la famille Merer, qui partageait ses goûts.

En somme la Bretagne, sa nature et ses hommes, objet de sa passion picturale. Il l'a vécue d'une manière franche et discrète, et, après avoir réuni et assimilé les leçons de l'impressionnisme, de l'Ecole de Pont-Aven et du Pouldu, il suivra son chemin personnel, paisible et unique.

Wladislaw Slewinski

Le compagnon d'aventure du Pouldu, subit aussi le charme de Doëlan. En 1910, après un retour en Pologne, il achète le Manoir de Kersimon qu'il ne quittera plus jusqu'à sa mort, huit ans plus tard. Il peint en 1911 « Grande marine à la péninsule », vue de Beg an Tour à partir de la digue et, vers 1915, « Marine aux rochers à la petite plage orange » qui représente la plage de Port Stancou, à gauche de Beg an Tour.

Mais des peintres de Doëlan, il faut aussi évoquer les noms de Bruguière, Joseph-Victor Roux-Champion, Adolphe-Marie Beaufrère, Jules Le Roy, Jean Pégot-Ogier.

Doëlan, leur offre le spectacle permanent de la vie qui bat au rythme des marées. Le retour des bateaux, accompagnés des goélands criards qui virevoltent excités. Le débarquement des caisses de poissons, les crabes, les langoustes, les langoustines, vivants. Les eaux maîtresses des lieux, qui s'insinuent, s'installent ou se retirent. En cette époque, quand elles se faisaient hostiles, soulevées par la tempête, sagement les pêcheurs restaient à terre, et fendaient l'osier pour faire leurs casiers, ou tressaient de superbes paniers avec du chèvrefeuille.

Nicolas Tarkoff

Ami de Chagall et de Soutine, venu du pays de Tourguenieff à la naissance du siècle, il sut profiter avec enthousiasme de l'explosion des couleurs, et irradier les vagues de Doëlan de taches de soleil.

Jean Puy

Le doux fauve[38], complice de Matisse, de Marquet, de Raoul Dufy, de Vlaminck, artistes issus de la même

[38] Jean Puy (1876-1960), en 1905, fait partie de la Salle du Salon d'Automne (surnommée cage aux fauves par le critique Vauxelles) qui marqua l'existence officielle du mouvement fauvis-

cage, effectuera plusieurs séjours à Doëlan, de 1914 jusqu'aux dernières années de sa vie. Fou de l'*Odyssée*, possédant un cotre en Bretagne, il s'est parfois montré plus fier de ses talents de navigateur que de ses dons de peintre. De Sanary il écrivit à sa nièce :

> *« Je vous le dis en vérité, Suzon, cette mer là c'est une andouille et la mer de Bretagne est bien plus rigolotte, elle gambade, elle chahute et elle organise des concours de sauts entre toutes les jolies vagues vertes avec un grand col blanc ».*

Dans ses marines, ses tableaux sensuels illuminés par le célèbre « rose Puy », il modère la violence du groupe en gardant discrètement une sage tradition esthétique.

Pour la faïencerie de Quimper, il décorera une centaine d'assiettes.

Tal Coat

Pierre Jacob dit «Tal Coat» est un enfant du pays. Il est né, d'une famille de pêcheurs, à Clohars Carnoët en 1905. Enfant, il va à l'école du bourg et fait, ensuite, l'apprentissage du métier de forgeron. Mais il aime sculpter le bois, pétrir la terre glaise et dessiner. En 1923, il devient clerc de notaire à Arzano, puis il commence sa carrière d'artiste, en 1924, comme mouleur et peintre céramiste dans une faïencerie à Quimper. Bientôt, il quitte la Bretagne pour Paris où il se lie d'amitié avec le peintre Emile Compard et où il développe, en autodidacte, son expression personnelle. En 1926, il rencontre Henri Bénézit qui lui organise une exposition, rue Miromesnil, en 1927, et le prend sous contrat. C'est à cette occasion qu'il prend le nom de Tal Coat, qui veut dire front de bois en breton, pour éviter l'homonymie avec le poète et le peintre, Max Jacob.

---

te représenté par Camoin, Derain, Chabaud, Friesz, Raoul Dufy, Gontcharova, Larionov, Puy, Manguin, Marquet, Valtat, Van Dongen, Vlaminck.

La même année, il revient s'installer en Bretagne, à Doëlan, où il possède une maison sur l'arrière-port et où il séjournera régulièrement jusqu'en 1939. De sa fenêtre, il observe la nature, la vie mouvante de l'océan, inquiet de la perception du temps et de l'espace qu'il traduit par l'abstraction et la couleur. Il broye lui-même ses couleurs, travaille beaucoup, mais se ménage des promenades, sur terre et sur mer avec ses amis Paul Poiret, Emile Compard et Bénézit.

Au cours de sa vie, il rencontre Hemingway, Gertrude Stein, Picabia et les frères Giacometti. La guerre d'Espagne le touche particulièrement et lui inspire la série des «Massacres» (1936).

Il fut un des grands maîtres de l'abstraction et reçut le prix national des Arts en 1968. Une importante rétrospective de son œuvre a eu lieu à Paris en 1976, au Grand Palais, et une autre, au Musée des Beaux-Arts de Quimper, peu de temps avant sa mort en 1985.

« Nous croyons appréhender le monde, nous ne sommes que visités par lui. »

Tal Coat - Notes, 1970-1975.

Emile Compard

Né avec le siècle, Emile Compard, est un amoureux du monde qui saura saisir les secrets de chaque période de sa vie, des divers courants picturaux de l'époque, en jouer avec émotion, pour continuer à résoudre « ses problèmes merveilleux ». Il vénère Seurat, découvre Gleizes, Ozenfant. De sa jeunesse éclatante, marquée par les années folles, les éclairs rouges de sa Bugatti, Josephine Baker, il gardera l'amitié de Bonnard et du critique Félix Fénéon. En 1936, il s'installera à Doëlan, avec Anna et retrouvera Tal Coat. Ce sera le contact retrouvé du rocher et de la mer, du vent et de la pluie. Puis la guerre, qui ne sait que défaire, l'isolera à Riec-sur-Belon où naîtra son fils en 1943. Clandestinement, il rencontre le Colonel Rémy dont il illustrera les mémoires plus tard.

Vers 1946, chez Mélanie, célébrée pour son fameux homard, il fait la connaissance de Curnonsky, le prince des gastronomes. Dans des natures mortes savoureuses, il raconte la vie autour d'une table amicale, le saumon juste pêché, les huîtres et le vin, le tendre lavis de bouquets, la maison rose du copain ou le linge qui sèche.

Entre 1947 et 1950, la lecture de Lao-Tseu change son regard et favorise sa connaissance intérieure. La sagesse de l'antiquité chinoise le guide vers une écriture différente où le signe remplace le paysage, dépasse le monde des apparences. Ensuite, après avoir éliminé l'accessoire, sur ses « Pierres écrites » il apprivoisera la lumière dans le marbre.

Chez le Docteur Guyot, il rencontra Huart qui se souviendra toujours de son beau regard bleu.

Jean Commère

A Doëlan, le courant de la Jeune Peinture des années 1941-1961, fut représenté par Jean Commère. La volonté de ces jeunes de l'après-guerre, après une dérive intellectualiste et une superposition de théories, fut de se retrouver eux-mêmes faces aux dures réalités. Contestataires, ils étaient attirés par la nature, et devinrent témoins de la vie sociale, des métiers, des paniers en osier, des ports, des maisons, des plus humbles. Dans les années 1946 à 1950, Commère logeait chez Madame Loarer. Jeune peintre, marié à la championne de France d'athlétisme du 400 mètres, homme très doux, souffrant de faim, il peignait parfois sur des draps.

Paul Guimard, Benoîte Groult

Surplombant le petit port, les eaux vertes et les mouettes ivres, accrochée au roc, niche la maison des écrivains Paul Guimard[39] et Benoîte Groult[40].

Pour répondre à l'article de Xavier Grall, « Lettre à Paul », paru dans Le Monde, Paul Guimard encouragea le poète à écrire son livre « Le Cheval couché », et, bien que ne partageant pas entièrement ses idées nationa-

Le port de Doëlan. (Cl. G. Huon).

listes, lui offrit l'éditeur Hachette pour le publier. Le livre de Xavier Grall se voulait une réponse au « Cheval d'Orgueil » de Pierre Jakez Hélias qui, selon lui, exhumait une Bretagne figée, moribonde, aliénée. Bien sûr, il ne pouvait reprocher à Pierre Jakez Hélias d'évoquer son enfance bigoudenne, mais cet homme déchiré, qui consumait sa vie en douleur, dans une colère lyrique,

39 Les Faux Frères, Rue du Havre, l'Ironie du Sort, Les Choses de la Vie, le Mauvais Temps, Giraudoux?...Tiens!, Un Concours de circonstances, l'Age de pierre.

40 La Part des Choses, Ainsi soit-elle, le Féminisme au masculin, les Trois Quart du Temps, les Vaisseaux du Cœur, Pauline Rolland.

fou d'amour pour sa terre, ne voulait voir qu'une Bretagne porteuse d'avenir.

Du chemin que nous prenons, en quête de l'autre, d'un ailleurs ou de soi, on ne connait rien à l'avance. Les conquêtes se font au jour le jour, pas à pas. En avançant, on s'aperçoit parfois que d'autres ont ouvert la route, taillé vers l'inconnu, mais c'est seulement quand on est arrivé que l'on peut juger du chemin suivi ; après le passage. Pendant le voyage le rêve anime notre regard, alors, sur le parcours, on peut voir un univers dans un caillou.

« Ce ne sont pas des spectacles pour la vue, ce sont des valeurs d'âme. »

Bachelard. *Poétique de la rêverie..*

Remerciements

Que toutes les personnes qui ont permis la réalisation de cet ouvrage par leur généreux concours, leurs conseils, leur savoir, leur appui, trouvent ici nos chaleureux remerciements.

L'Association des Amis de la Maison MARIE-Henry.
Monsieur et Madame les Conservateurs,
André Cariou, Conservateur en chef du Musée des Beaux-Arts de Quimper.
Catherine Puget, Conservateur du Musée de Pont-Aven.

Imelda Brunerie
Jean-Pierre Brunerie
Jeanine Cochennec.
Edmond Debrie
Robert Degeihl
Madame Denoël
Christian Dulac
Galerie l'Ergastère
Louis Gourier
Claude Huart
Samuel Joséfowitz
Madame Le Page
Madame Lévy
Jean Renault
Docteur Ronan Taburé
Pierre Le Thoër
Françoise Witté

Bibliographie sommaire et sources

- « Le rêve cistercien » Léon Pressouyre. Collection Découvertes Gallimard / CNMHS. n°95.
- « La terre de beauté » Dr Léon Palaux. 1956
- « Peintres de races » Marius-Ary Leblond Bruxelles. 1909. Librairie Nationale d'Art et d'Histoire. G.Van Oest & Cie.
- « Théories 1890 - 1910 » Maurice Denis. L.Rouart et J.Watelin Editeurs.
- « Gauguin » Charles Kunstler. Librairie Floury. 1937.
- « Cahier Henri Mothéré recopié par Charles Chassé ».
- « Les Peintres du Pouldu » M.M.L. Savin. 1958.
- « Le Post-Impressionnisme » John Rewald. Edition Albin Michel, Paris. 1961.
- « Gauguin et l'Ecole de Pont-Aven » Wladyslawa Jaworska. Edition Ides et Calandes.
- « Paul Sérusier » Marcel Guicheteau. Editions Side.1976.

- « Paul Gauguin » Charles Morice. Floury. Paris.
- « Souvenirs d'un marchand de tableaux » Ambroise Vollard. Editions Albin Michel.1937.
- « La relève de l'imaginaire » René Huyghe. Flammarion. 1976.
- « Conversations avec Cézanne » Edition critique présentée par P.M. Doran. Editions Macula. 1978.
- « L'art et l'âme » René Huyghe. Edition Flammarion.1980.
- « Filiger » Musée Départemental du Prieuré. 1981.
- « Beaufrère - L'Œuvre gravé » Daniel Morane.Edition Galerie Gloux. Concarneau.1981.
- « Hokusaï » Henri-Alexis Baatsch. Editions Fernand Hazan.1985.
- « L'ordre et l'aventure » Pierre Daix. Editions Arthaud.1984.
- « Le chemin de Gauguin - genèse et rayonnement » Editions Musée départemental de Prieuré.1985.
- « Gauguin » Editions de la Réunion des Musées Nationaux.Paris. 1989.
- « La route des peintres en Cornouaille » Quimper. 1990.
- « Exposition Gauguin et les peintres de la Bretagne » Paris &Tokyo. Japon. 1992.
- « Pont-Aven l'Ecole buissonnière » Antoine Terrasse. Collection Découvertes Gallimard. n° 173.
- « Pont-Aven et Le Pouldu - Gauguin et ses amis peintres en Bretagne » Fabbri Editori. 1993.
- « Alfred Manessier Les Vitraux » Musée Suisse du Vitrail - Centre International du vitrail. Benteli.1993.
- « Le Moal » Galerie de France et Weber éditeurs. Paris. 1974.
- « L'Univers des signes » Figuration - Abstraction. Exposition mars 1986. Lorient.
- « Claude Huart ». Le cahier ART-MENE n°3 - 1988.
- « Claude HUART - Graveur sur bois » Espace L'ORIENT.
- « Renault » - Catalogue C.A.C de Saint-Brieuc et Palais des congrès de Lorient. 1988.
- « Xavier GRAAL » Biographie. Yves Loisel. Editions Jean Picollec.1989.
- « Jean Pégot-Ogier ». Musée de Pont-Aven.1993.

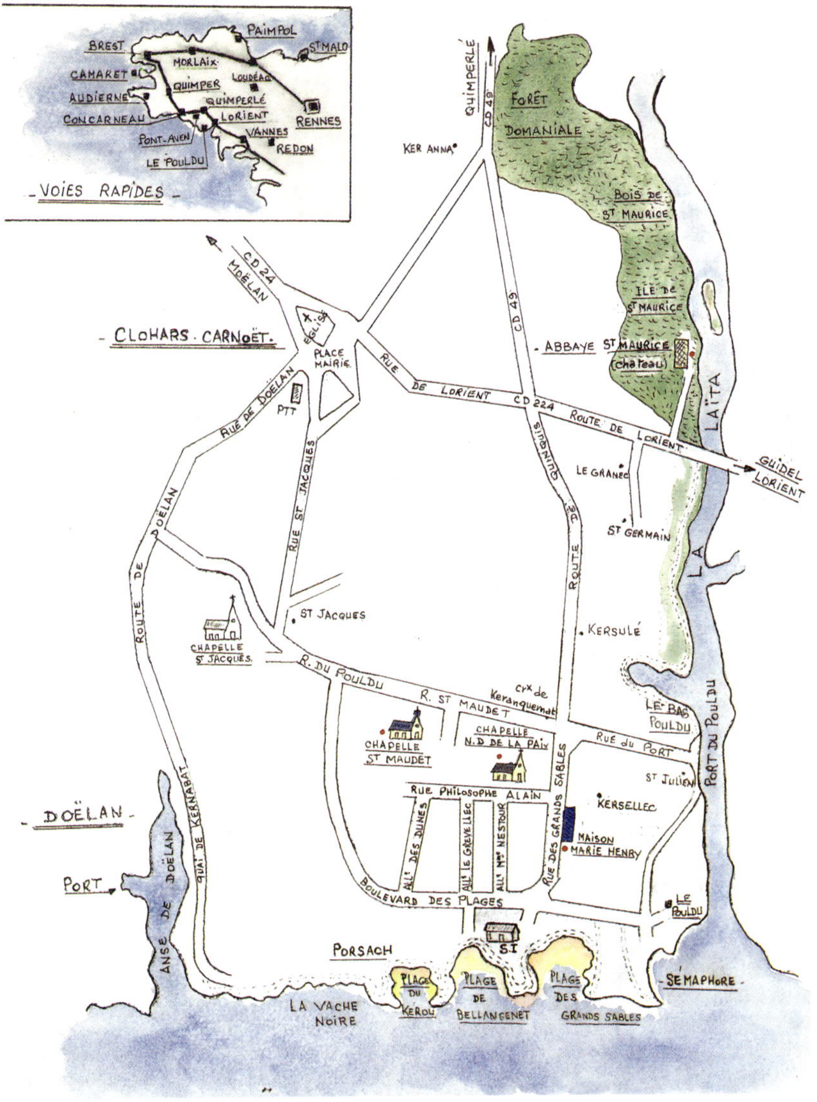

Avertissement :
Ce plan permet de situer les sites de l'abbaye de Saint-Maurice, de la chapelle de Saint-Maudet, de la maison Marie Henry, de la chapelle N.-D. de la Paix et de Doëlan, sans tenir compte de l'échelle réelle.

Index des noms cités

TABLE DES MATIERES

Achevé d'Imprimer
sur les Presses de l'Imprimerie
Keltia Graphic

—

le 8 juillet 1994.

—

Dépôt légal : 3e trimestre 1994